Kurt Tepperwein

Das Huna Geheimnis

Die hawaiianische Heilmagie

Silberschnur

ISBN 3-931 652-42-4

1. Auflage 1998
2. Auflage 2001
3. Auflage 2006

Covergestaltung: dtp XPresentation, Boppard
Druck: Finidr, s.r.o

Verlag »Die Silberschnur« GmbH · Steinstraße 1 · D-56593 Güllesheim

www.silberschnur.de
e-mail: info@silberschnur.de

Sicherlich ist es kein Zufall, der Ihnen dieses Buch in die Hände gespielt hat. Sie sind auf dem Wege, in ein altes Geheimnis eingeweiht zu werden, das in der Lage ist, Ihr Leben grundlegend zum Positiven zu verändern.

Nehmen Sie diese «Einweihung» als Geschenk an – Sie sind bereit dazu. Lassen Sie sich führen auf dem Weg in Ihre eigene Mitte, nehmen Sie Kontakt auf zu Ihrem wahren inneren Wesen.

Sie werden verblüfft sein, wie einfach Ihnen vieles erscheint, wenn Sie sich einmal auf den Weg gemacht haben.

Von nun an werden Sie nie wieder ein Spielball Ihrer Umwelt sein – Sie selbst werden Ihre Umwelt, Ihre Zukunft, Ihr Schicksal gestalten – nach Ihren eigenen Wünschen.

Ich beglückwünsche Sie dazu und hoffe gleichzeitig, dass Sie dieses Geheimnis mit anderen teilen werden so, wie ich es jetzt mit Ihnen teile.

Überblick

Das HUNA – Geheimnis

Die Geschichte des Geheimnisses – Wer das Geheimnis kennt, kann sein Schicksal nach seinen Wünschen gestalten – Die Bedeutung des Wortes KAHUNA – So kann man unerwünschte in erwünschte Zukunft ändern – So gestalten auch Sie Ihre Zukunft – Was ist Intuition? – Die sieben Bewusstseinsebenen – Die wichtigste Entdeckung innerhalb der HUNA–Meditation – Das NIEDERE SELBST – Das MITTLERE SELBST – Das HOHE SELBST – Das Gesetz der KAHUNAS – HUNA als Bild – Die 5 Geburten des Menschen – Die Lebenszyklen des Menschen – Die 3 MANA–Arten.

KALA – Die geistige Reinigung

Wodurch wird die Leitung blockiert? – Wer ist für Blockaden verantwortlich? – Die Wirkung von Schuldgefühlen – Die Befreiung von Schuldgefühlen – Den Boden vorbereiten – Selbstprüfung – Was ist KALA? – So lösen Sie Ihre Blockaden auf – Die zwei Arten von Wiedergutmachung – Segen – Die tägliche Bitte zum HOHEN SELBST.

UNIHIPILI – Das NIEDERE SELBST

Die Aufgabe des NIEDEREN SELBST – Wie man mit dem NIEDEREN SELBST spricht – So erteilt man einen Auftrag – Das Loben nicht vergessen – Das geistige Zwiegespräch – Nicht mit dem Schwierigsten beginnen – Die Erfolgskontrolle – Ein einfaches Experiment – Behandeln Sie Ihr NIEDERES SELBST als Freund, und Sie haben einen Freund fürs Leben – Der äussere Stimulus – Die wirksame Belohnung – Die geistige Belohnung – Überzeugen Sie Ihr NIEDERES SELBST – Die Gedankenstille – Was man erreichen kann – Eine gute Entspannung – DIE «PULSIERENDE IMAGINATION».

UHANE – Das MITTLERE SELBST

Die besonderen Fähigkeiten des MITTLEREN SELBST – Die Bildung von «Willensenergie» – Die Lenkung der Vitalkraft – Was Willenskraft vermag – Die richtige Einstellung zu materiellen Dingen – Die Aufgabe des MITTLEREN SELBST – Befreien Sie das MITTLERE SELBST von Hindernissen – Die gute Zusammenarbeit zwischen NIEDEREM und MITTLEREM SELBST.

AUMAKUA – Das HOHE SELBST

Wann hilft das HOHE SELBST? – Wie man das HOHE SELBST zur Hilfe «einlädt» – Das HOHE SELBST kann die Zukunft erkennen – Alle Gebete gehen zum HOHEN SELBST – Der Weg der Liebe – Wie man mit dem HOHEN SELBST in Verbindung tritt – Die Kraft des HOHEN SELBST – Die Gemeinschaft der HOHEN SELBSTE – Das Segnen – Ich bin da.

MANA – Die Vitalenergie des NIEDEREN SELBST

Die verschiedenen Bedeutungen des Wortes MANA – Die 3 Arten von MANA – Die 3 Schritte, eine Gedankenform zu verwirklichen – Die MANA–Hochladung – Wie man eine Suggestion mit MANA auflädt – Die Wirkung der MANA – Hochladung auf die Gesundheit – Die Konzentration der MANA–Hochladung mehrerer Personen auf das gleiche Ziel – verschiedene Positionen für die Aufladung – Die Brunler Methode – Die Ferson Methode – Meine Lieblingsmethode – Die zwei Grundschritte, die immer beachtet werden müssen – Die verschiedenen Namen für MANA – Die Feuerzeremonie – Die Imagination bei der MANA–Hochladung – Ein Experiment – MANA und gesunde Ernährung – Noch ein Experiment.

DER GLAUBE

Was ist Glaube wirklich? – Kann man glauben lernen? – Der heilende Glaube – Wissen und Glauben – Glaube kann entwickelt werden wie ein Muskel

– Zweifel ist auch Glaube, nur in die falsche Richtung – Sie entscheiden, was Sie denken – Die Gedankendisziplin – Richtet nicht, auf dass Ihr nicht gerichtet werdet – Die Kraft ist neutral – Die Erfüllung nicht in die Zukunft verlegen – Einem jeden geschieht nach seinem Glauben.

AKA – Schattenkörpersubstanz

Der «Rapport» – Der Schattenkörper – Gedankentrauben – Der AKA–Faden – Die sieben Körper des Menschen – Das Aussenden des AKA–Fingers – AKA–Faden und Telepathie – Das Aussenden von Heilungskräften – Ein Experiment – Die AKA–Schnur.

GEDANKENFORMEN

Gedanken sind Bausteine der Zukunft – Wir alle schaffen ständig gute oder schlechte Bausteine – Gedanken sind Kräfte – Das Sammeln der Energie in einer selbst geschaffenen Gedankenform – Der erwünschte Endzustand – Die verbale Formulierung des erwünschten Endzustandes – Die Übereinstimmung von Wort und Bild – Das Gestalten der Zukunft durch unsere Gedankenformen – Alle Sinne beteiligen – Die zwei Arten der Vorstellung – Die Aufladung mit Willensenergie – Die «Redaktion» wirksamer Formulierungen – Bejahungen zur Gesundheit – Die Übereinstimmung von Umstand, Zeitpunkt und Person – Alles braucht seine Zeit – Ein Experiment – Zusammenfassung.

DAS PENDELN

Welche Bewegungen bedeuten was? – Den Namen des NIEDEREN SELBST erfragen – Wie man ein Pendel selbst herstellt – Wie kann das Pendel helfen? – Ein interessanter Versuch – Noch ein Experiment – Die Pendeltesttafel – So misst man eine Ladung in Prozent – Pendeltest nach der Armbanduhr – MANA–Ladungen mit dem Pendel messen – Einen Baum auspendeln – Das Geistiges Pendeln.

DER REGEN DES SEGENS

Der direkte Kontakt zum HOHEN SELBST über die AKA–Schnur – Meditation ohne Kraftverlust – Der Regen des Segens als Abschluss der Meditation.

DIE 10 SCHRITTE DER HUNA–MEDITATION

1. SCHRITT – DIE VORBEREITUNG

Die Aufgabe, die das MITTLERE SELBST erfüllt – Der geeignete Ort für die Meditation – Die Entspannung.

2. SCHRITT – KALA – DIE GEISTIGE REINIGUNG

Das Freimachen von unerwünschten Gedanken und Bildern – Die Vergangenheit loslassen – Der Bildkontakt zu entfernten Menschen – Das Auflösen von Blockaden – Hindernisse auf dem Weg zur Vollkommenheit – Sich Ent–Schuldigen – Das Auflösen von negativen Energien –Empfindlichkeit – Den Weg freihalten – Das «mentale Umerleben» – Geistig die Dinge bereinigen – DIE TAGESRÜCKSCHAU – DIE MORGENVORSCHAU

3. SCHRITT – DIE GEDANKENFORM

Die präzise Form – Ich erkenne die Situation als reiner Beobachter – Zuerst klären, worin das Problem wirklich besteht – Bestimmen, was erreicht werden soll – Die Reihenfolge der Teilziele festlegen – Der richtige Standpunkt – Sich wert fühlen, Erfüllung zu empfangen – Die allgemeine Bitte – Eine bewährte Formulierung.

4. SCHRITT – ANHÄUFUNG VON MANA

Die Übernahme der Atemkontrolle – Die begleitende Imagination – Den Schattenkörper mit MANA füllen – Die Überladung – MANA beliebig lang fliessen lassen.

5. SCHRITT – SENDEN DER BITTE ZUM HOHEN SELBST

Die Wiederholung der Bitte – Den Wortlaut laut aussprechen – Identifizieren Sie sich mit dem erwünschten Endzustand – Die Einheit mit dem HOHEN SELBST erleben.

6. SCHRITT – DIE KONZENTRATION

Das Geheimnis der Konzentration – Die vier Schritte zur optimalen Konzentration – Eine hilfreiche Suggestion – Konzentration ist das Gegenteil von Bemühung – Nicht einschlafen, bevor die Meditation beendet ist – Das Bewusstsein erweitern – Die Übereinstimmung mit den geistigen Gesetzen – Übungen zur Steigerung der Konzentration – Wie man sofort ganz ruhig wird – Eine zweite Ruheübung – Die Konzentration auf einen Punkt – Die Bewegungsübung – So werden Sie Herr Ihrer Gedanken – Ein Schüler fragt den Meister.

7. SCHRITT – DIE TÄGLICHE MEDITATION

Der Kontakt mit dem höchsten Bewusstsein – Was ist Meditation? – Die Vorbereitung – Die Bitte auf eine Sache konzentrieren – Was bewirkt die Meditation?

8. SCHRITT – DIE UNTERSTÜTZUNG DER BITTE DURCH EIGENE BEMÜHUNGEN

Zuerst kommt die Saat, dann die Ernte – Die gute Tat – Was wir zur Erfüllung beitragen müssen – Der feste Glaube – Die Gewissheit der Erfüllung – Dem Schicksal die Hand reichen.

9. SCHRITT – DIE BITTE FÜR ANDERE

Eines der wichtigsten Geheimnisse – Sich selbst als Opfer darbringen – Die Bitte für unsere «Feinde» – Bitte zum Wohl der gesamten Menschheit – Freunde in der Gemeinschaft der HOHEN SELBSTE.

VORWORT

Meine Freundin, mein Freund!

Während Du dieses Buch liest, bin ich bei Dir, denn Du liest dieses Buch, weil wir im Geist eins sind. Darum fühle ich mich Dir so nah und bin bei Dir, wenn Du dieses Buch liest, Deinen Geist und Dein Herz öffnest, um ein Geheimnis zu empfangen.
Denn mit diesem Buch möchte ich Dir ein Geheimnis mitteilen. «Mitteilen» heisst, ich möchte es «mit Dir teilen», und vielleicht machst Du mir die Freude, es ebenfalls mit jemandem zu teilen. Es wird viel Freude in Dein Leben bringen, und diese Freude solltest Du mit anderen teilen, damit auch sie mehr Freude in ihr Leben bringen, und dafür empfange meinen Segen und erlaube mir, dass ich zu Dir sage:

«Ich danke Dir, meine Freundin mein Freund!»

Zur Einführung

Für manche Menschen könnte sich die Frage stellen, ob das hier Gesagte wissenschaftlich erwiesen ist. Alles Wissen ist jedoch zunächst unbewiesen, aber es ist der Wahrheit gleich, ob sie als erwiesen gilt oder nicht. Wahrheit ist und beweist sich durch sich selbst. Die Wirklichkeit wirkt trotzdem, auch wenn sie noch nicht als solche erkannt wird. So hat natürlich NEWTON die Schwerkraft nicht erfunden. Sie war von Anfang an da. Er hat nur ihre Gesetzmässigkeit erkannt.

Es ist völlig sinnlos, sich über das hier Gesagte eine Meinung zu bilden oder darüber zu urteilen. Hilfreich ist nur eines, selbst erleben! Wir sind schliesslich nicht hier, um unser Bewusstsein durch Meinungen und Urteile einzuengen, sondern unsere Aufgabe ist es, unser Bewusstsein zu erweitern. Irgendwer hat einmal gesagt: «Es wäre ein unvorstellbares Chaos, wenn die Naturgesetze erst wirken könnten, wenn sie vom menschlichen Geist anerkannt sind.»

In der Physik kennen wir das Gesetz von Aktion und Reaktion, und es gibt nichts auf der Welt von Raum und Zeit, das diesem Gesetz nicht unterworfen wäre. Das gilt uneingeschränkt auch für den geistigen Bereich dieser Welt.

Der Beginn des Schicksals ist der Gedanke. Doch erst, wenn dieser Gedanke mit Energie aufgeladen wird, nimmt er eine eigene Form an und wird so zur Ursache, die sich in der Welt der Materie als Ereignis manifestiert.

Seit der Mensch denken kann, hat er sich gefragt, ob und inwieweit er sein Schicksal beeinflussen kann. Nun, sobald er Herr seiner Gedanken geworden ist, ist er auch Herr seines Schicksals. Denn was die Menschen Schicksal nennen, ist bei genauer Betrachtung nichts anderes als Schöpfung. Und wir sind die Schöpfer, Träger und Überwinder des Schicksals.

Das Leben sorgt dafür, dass wir so lange mit den selbstgeschaffenen Problemen konfrontiert werden, bis wir sie gelöst haben und davon frei sind. Sie werden durch dieses Buch eine ganz neue Einstellung zum Leben und vor allem zu Problemen bekommen. Sie werden erkennen, dass auf diesem Weg auch Sie Ihre Probleme sicher lösen können, so dass Sie danach wirklich intensiver leben. Leichter, freier und glücklicher.

Das HUNA - Geheimnis

Wer das HUNA-Geheimnis kennt, kann sein Schicksal nach seinen Wünschen gestalten. Der Ursprung von HUNA liegt im Dunkeln. Wir wissen jedoch, dass sich Teile dieser Lehre bereits in den frühesten ägyptischen Schriften finden. Die weiteste Verbreitung hat die Huna-Lehre im polynesischen Raum gefunden. Aber auch in gnostischen Schriften und im Neuen Testament finden wir verschlüsselte Teile der HUNA-Lehre

Da HUNA eine Geheimwissenschaft war, gab es zwei Versionen: Eine leicht verständliche, die auch einfache Menschen verstehen und anwenden konnten, und eine sorgsam gehütete, verschlüsselte Version, die nur für Eingeweihte bestimmt war. Übertragen wurde dieses Geheimwissen nur nach einer «Einweihung» innerhalb der erblichen Priesterschaft der Kahunas. «HUNA» heisst «das Geheimnis». «KA» heisst «der Hüter».

Dieses Geheimnis wurde früher stets nur mündlich weitervermittelt, wobei jeder Eingeweihte bei allem, was ihm heilig war, schwören musste, das Geheimnis zu wahren. Damit man das Geheimnis wahren konnte, erfand man sogar eine besondere Sprache, die eine äussere und eine innere Bedeutung hatte. Die in der «heiligen» Sprache abgefassten Aussagen waren in der einfachen Aussage für jeden verständlich, der innere Gehalt aber offenbarte sich nur dem, der zumindest einen Teil der Wort-Symbolik kannte, der also bereits eingeweiht war.

Die Geheimnisse Jesu sind ein ausgezeichnetes Beispiel dafür, wie diese «mehrdimensionale» Sprache benutzt wurde. Die einfache Bedeutung liegt offen zutage, und kein Uneingeweihter vermutet mehr dahinter, da er ja den Sinn klar verstehen kann. Hinter dieser einfachen Bedeutung aber verbergen sich verschlüsselt höchste Erkenntnisse.

Es ist bis heute noch nicht gelungen, das HUNA Geheimnis vollständig zu entschleiern, doch schon die bekannten Teile eröffnen Möglichkeiten, die an Wunder grenzen. Die vielleicht interessanteste Möglichkeit, die HUNA bietet, ist die Tatsache, dass man auf diesem Weg seine Zukunft frei gestalten kann, indem man unerwünschte in erwünschte Zukunft umwandelt.
Dazu ist es keineswegs erforderlich, übersinnliche Fähigkeiten zu besitzen; es ist nicht einmal hilfreich, um aus der HUNA-Lehre den grössten Nutzen für seine Entwicklung zu ziehen.

1935 gelang es MAXWELL FREEDOM LONG, der als Wiederentdecker der alten HUNA-Lehre gilt, die drei fundamentalen Geheimnisse der Lehre zu enträtseln. Bereits 1922 hatte er die Ergebnisse einer vierzigjährigen Vorarbeit durch den Kurator des Bishop Museums in Honolulu erhalten. Dieser hatte sich ein Leben lang darum bemüht, das Geheimnis zu lüften, aber es war ihm nur zu einem Teil gelungen. Er gab ihm als sein Erbe die Erkenntnisse seiner Lebensarbeit. Er hatte erkannt:

1. Es muss eine besondere Form von Bewusstsein geben, das die wunderbaren Veränderungen bewirkt.
2. Es muss eine besondere Energie vorhanden sein.
3. Es muss eine spezielle Substanz geben, durch welche diese Energie wirksam wird.

Heute wissen wir, dass er das richtig erkannt hatte.

1. Die besondere Form des Bewusstseins ist das HOHE SELBST (Aumakua). Es ist der höchste Teil unseres Seins. Es ist vollkommen und jederzeit bereit, unserem Bewusstsein bei der Bewältigung der Aufgaben des Lebens hilfreich zur Seite zu stehen, sobald wir es erkannt haben und darum bitten.
2. Die besondere Energie ist MANA. Sie ist die Lebensenergie.
3. Die spezielle Substanz ist AKA, oder Schattenkörperstoff. Ein Faden aus AKA-Substanz verbindet uns mit allen Menschen und Dingen, mit denen wir bereits einmal in Kontakt waren.

Wir gestalten die Zukunft, indem wir eine Gedankenform in AKA-Substanz gestalten, mit MANA aufladen und dem HOHEN SELBST zur Verwirklichung übergeben.

Unbewusst tun wir dies alle ständig und erkennen so erst am Ergebnis, was wir verursacht haben. Nun aber sind wir in der Lage, das Ergebnis vorherzubestimmen.

Jede Lebensform wird von einem Bewusstsein geleitet, und je höher die Lebensform, desto höher ist auch das ihr innewohnende Bewusstsein. Das gilt vom mikroskopisch kleinen Lebewesen bis zum höchsten Schöpfer des Universums. Für die KAHUNAS war das Leben Bewusstsein + MANA + AKA-Substanz. Solange diese drei in einem Körper waren, solange lebte der Körper. Sobald sich diese drei aus dem Körper zurückzogen, starb der Körper. MANA allein wurde nicht als Leben betrachtet, sondern nur als die Kraft des Lebens, durch die sich das Bewusstsein ausdrückte.

Mitunter gelingt es uns, ein schwieriges Problem im Bruchteil einer Sekunde zu lösen. Wir erarbeiten uns dabei den Lösungsweg nicht Schritt für Schritt, wie bei der Logik, sondern erfassen die Ganzheit der Lösung in einem Augenblick. Wir sprechen dann von Intuition.

So zählte bei den Naturvölkern der Schäfer seine Herde zwar nicht, denn meistens konnte er gar nicht soweit zählen, aber er «wusste» sofort, wenn ein Tier fehlte. Das sagte ihm seine Intuition. Auch die alten Ägypter und Babylonier verdankten ihre enormen Kenntnisse der Himmelsmechanik, der Intuition; und auch die alte Heilkunde mit ihrem erstaunlichen Wissen über die Wirkung der einzelnen Heilkräuter ist nur über die Intuition zu erklären.

Was aber ist eigentlich Intuition? Das Wort kommt aus dem Lateinischen und bedeutet «eindringen» oder «eintreten». Freier übersetzt bedeutet es: «Der Lehrer im Inneren». Es ist die «Sprache» eines übersinnlichen, höheren geistigen Bewusstseins, nach Ansicht der Kahunas des HOHEN SELBST. Wir alle verstehen diese Sprache, aber wir achten nicht immer darauf, weil unser Tagesbewusstsein beschäftigt ist.

Die sieben Bewusstseinsebenen

Der MATERIALIST
Er glaubt nur, was er mit seinen begrenzten Sinnen wahrnimmt oder was wissenschaftlich erwiesen ist. Er glaubt daher, ein Realist zu sein. Er «weiss», dass sein Leben mit der Geburt begann und mit dem Tod endet. Er interessiert sich für sein Vergnügen, für Geld und Macht. Er liebt das Leben, ist aber unfähig, wahres Glück zu erleben, obwohl er stets danach sucht.

Der POSITIVE DENKER
Er entdeckt die Macht des positiven Denkens und verändert und verbessert dadurch seine Lebensumstände. Er mehrt seinen Wohlstand, verbessert seine Gesundheit und ist meist mit sich und der Welt zufrieden.

Der SOZIALE MENSCH
Sein soziales Gewissen ist erwacht, und ihm liegt vor allem das Wohl seiner Mitmenschen am Herzen. Er erkennt seine Aufgabe darin, anderen zu helfen und der Gemeinschaft zu dienen. Jeder, der ihm begegnet, ist sein Nächster, und er liebt seinen Nächsten wie sich selbst.

Der GEISTIGE MENSCH
Er erkennt die geistigen Gesetze, die die Materie beherrschen. Durch bewusstes Einsetzen dieser Gesetze gestaltet er sein Leben nach seinen Vorstellungen. Er verursacht beliebig Gesundheit und Wohlstand und strebt danach, seine geistigen Erkenntnisse zu mehren. Er erkennt sich selbst als Hauptaufgabe. Durch

die Beherrschung der geistigen Gesetze wird er zum Herrn seines Schicksals.

Der RELIGIÖSE MENSCH
Er löst seinen eigenen Willen völlig auf und wird ganz zum Werkzeug des Schöpfers. «Dein Wille geschehe». Er lässt sich von der inneren Stimme führen und erfüllt mit Freude alle Aufgaben, die an ihn herangetragen werden. Er hat keine eigenen Wünsche mehr und will nur noch den Willen seines Schöpfers erfüllen. Er hat kurze Augenblicke der Erleuchtung.

Der ERLEUCHTETE
Er lebt ständig in der Erkenntnis der Wirklichkeit. In dienender Liebe hilft er seinen Mitmenschen zu erwachen, indem er sie lehrt, die Wirklichkeit wahrzunehmen. Er ist auf dem Wege, die Verwirklichung seiner Erkenntnisse zu leben.

Der HEIMGEKEHRTE
Er lebt in der Verwirklichung der Einheit. «Der Vater und ich sind eins». Diesen Zustand kann man nur jemandem erklären, der ihn durch eigenes Erleben kennt, und der braucht keine Erklärung. Er wählt frei seinen Wirkungsbereich und inkarniert freiwillig, wann und wo es der Schöpfung dient. Er lebt ganz in den göttlichen Tugenden und in der Wirklichkeit.

Die wichtigste Entdeckung innerhalb der HUNA-Meditation ist die Existenz des HOHEN SELBST. Wir alle haben als Kinder zwar gelernt, dass wir einen Schutzengel haben, aber später haben wir doch geglaubt, dass dies nicht viel mehr als ein frommes Märchen ist. Nun erkennen wir, dass dieses Märchen Wirklichkeit ist, noch dazu in einer so wunderbaren Form, dass man es fast nicht glauben kann, denn das HOHE SELBST ist ein Wesen, das seine eigenen Wünsche bereits völlig aufgelöst hat und nur noch in dienender Liebe für das ihm anvertraute Wesen tätig sein möchte. Es respektiert jedoch die freie Willensentscheidung des Menschen und kann daher nur helfen, wenn es darum gebeten wird. Ausserdem benötigt es zur Hilfe die Energieform des Menschen, da seine eigene Energie eine viel zu hohe Vibration hat, um auf dieser groben materiellen Ebene benutzt werden zu können. Wenn wir jedoch diese beiden Voraussetzungen schaffen, steht uns jederzeit ein weiser und uneigennütziger Berater zur Verfügung, um uns liebevoll zu helfen, mit den Schwierigkeiten des Lebens fertig zu werden. Er wird uns gern durch Intuition führen, wenn wir ihn darum bitten. Intuition heisst ja «der Lehrer im Inneren».

Der entscheidende Test einer Lehre ist immer ihre Wirksamkeit. Daher möchte ich Ihnen zeigen, dass HUNA wirkt, wie es wirkt, und dass auch Sie in der Lage sind, jederzeit HUNA anzuwenden. Dazu genügt es nicht, die einzelnen Bestandteile von HUNA zu kennen. Wir müssen das harmonische Zusammenwirken der einzelnen Teile verstehen.

Die feinstofflichen Bereiche

1. UNIHIPILI - das NIEDERE SELBST
   = das Unterbewusstsein

Es ist identisch mit dem Astralkörper. Es ist der Träger der Begierden, Leidenschaften und Empfindungen des Menschen. Es ist der Sitz der Erinnerung und übt die Kontrolle über die unwillkürlichen Muskelbewegungen des Körpers aus. Es reagiert besonders auf die Qualität der Gedanken. Es ist empfänglich für Eindrücke und Suggestionen. Erst von einer gewissen spirituellen Reife an ist es in der Lage, seine Erfahrungen dem physischen Gehirn einzuprägen.

2. MANA = Lebenskraft von niedriger Spannung

3. UHANE Das MITTLERE SELBST
   = Bewusstsein

Es ist identisch mit dem Mentalkörper. Es ist das Werkzeug für die Tätigkeit des Denkens und des vernünftigen Urteilens. In ihm manifestiert sich das Selbst als Intellekt. Es ist der Sitz der Willenskraft. Es hat kein Erinnerungsvermögen. Wir entwickeln das MITTLERE SELBST schneller, wenn wir unser Denken mehr und mehr auf einen Punkt konzentrieren und im folgerichtigen Denken schulen. Jeder Gedanke, der von ihm ausgeht, ist ein farbiges, musikalisches und mehrdimensionales Bild.

4. MANA-MANA
   = Lebenskraft von mittlerer Spannung

5. AUMAKUA Das HOHE SELBST
= Überbewusstsein

Es ist identisch mit dem Atma und ist reines individualisiertes Bewusstsein, der Gottesfunke in uns, die Ursache unseres Seins. Es kennt die Vergangenheit, die Gegenwart und die Zukunft, soweit diese bereits verursacht ist. Es ist unser wahres Selbst und ist seit jeher vollkommen, unsterblich und unberührt von den einzelnen Inkarnationen. Unsere Aufgabe ist es, die Vollkommenheit unseres wahren Selbst mehr und mehr in allen Körpern zum Ausdruck zu bringen, bis alle vollkommen sind und die Einheit so wiederhergestellt ist.

6. MANA-LOA
= Lebenskraft von höchster Spannung

7. KINO AKA = Schattenkörper

Kino Aka des Niederen Selbst ist das genaue Doppel des physischen Körpers, jedoch aus feinstofflichem Material. Seine Aufgabe ist es, die Lebensenergie MANA aufzunehmen und dem physischen Körper zu vermitteln. Das HOHE SELBST eines Menschen kann nur den Teil seines Wissens und seiner Kräfte einsetzen, den der Mensch durch diesen Körper auszudrücken vermag.

Kino Aka des Mittleren Selbst ist feiner als der des NIEDEREN SELBST und der Sitz des Gewissens und des kosmischen Bewusstseins. Er besteht während des gesamten Zyklus der Inkarnationen und wird erst aufgelöst, wenn keine Notwendigkeit mehr besteht zu inkarnieren, also als Mensch wiedergeboren zu werden. Nur absolut selbstlose Gedanken und Taten sind geeignet, diesen Körper zu entwickeln. In diesem Körper werden Wünsche, Absichten und Verlangen zu Kräften, Talenten und Fähigkeiten für die nächste Inkarnation verarbeitet.

Kino Aka des Hohen Selbst ist die erste Emanation des HOHEN SELBST, unsere SEELE. Er ist der Körper der Seligkeit, der Sitz der Allwissenheit und des Bewusstseins der Einheit. Er lebt nicht im physischen Körper, ist aber durch eine AKA-Schnur mit dem niederen Schattenkörper verbunden. Beim physischen Tod verlassen alle Schattenkörper den physischen Körper und nehmen alle Erinnerungen mit.

Es ist unsere Aufgabe, alle drei Selbste nicht nur zu kennen und zu verstehen, sondern das NIEDERE SELBST und das MITTLERE SELBST soweit zu entwickeln, dass sie zusammen mit dem HOHEN SELBST eine harmonische Einheit bilden, mit dem Ziel, ein harmonisches und erfülltes Leben zu leben. HUNA ist vielleicht der schönste Weg, dieses Ziel zu verwirklichen.

Ein Symbol für die drei Selbste erkennen wir auch im Totempfahl der Indianer. Er besteht aus mehreren übereinander angeordneten Figuren, wobei die unterste Figur meist als Tier dargestellt wird, als Symbol für das Animalische des NIEDEREN SELBST. Eine Figur sitzt auf den Schultern der anderen. Die mittlere Figur, das MITTLERE SELBST wird getragen vom NIEDEREN SELBST. Ganz oben sieht man eine Figur, die ihre Flügel ausbreitet, eine ideale Darstellung des HOHEN SELBST als Schutzengel oder Vogel, der sich über die niederen Dinge erhoben hat.

Völlig neu ist die Erkenntnis, dass das HOHE SELBST, unter Berücksichtigung unserer freien Willensentscheidung, aus unseren bewussten oder unbewussten Gedanken unsere Zukunft formt. Wir haben es aber in der Hand, unsere Wünsche in klare Gedankenformen zu bringen und so unsere Zukunft frei zu bestimmen. Auf diesem Wege können wir sogar unerwünschte in erwünschte Zukunft umwandeln.

Grundvoraussetzung für ein erfülltes Leben ist es, dass die drei SELBSTE eine harmonische Einheit bilden und mit dem Ziel zusammenarbeiten, uns zu helfen, unsere Möglichkeiten voll auszuschöpfen. Ein wichtiger Schritt auf diesem Wege ist der Schritt weg vom «Ich» hin zum «Du», zum anderen. Wer den ersten zögernden Schritt zum liebevollen Dienen getan hat, ist schon auf dem Wege zu seiner wahren Bestimmung und erntet bereits hier den Lohn für seine guten Taten.

Gebet eines alten Indianerhäuptlings:

«Grosser Geist, hilf mir, den grössten Feind zu besiegen, den ich habe - mich selbst, und den besten Freund zu finden, den ich habe – MICH SELBST!»

Wir müssen unsere Wünsche in eine klare Gedankenform bringen, dieses geistige Bild in eine Form aus AKA-Substanz prägen (Schattenkörperstoff) und schliesslich mit MANA, der Vitalenergie des NIEDEREN SELBST, aufladen, bevor wir es dem HOHEN SELBST weiterleiten können. Wenn wir dann vertrauensvoll erwarten, dass unsere Bitte erfüllt wird, wird es sicher geschehen. Hierüber ist in der Bibel eine Aussage enthalten. In

Markus 11:24 wird Jesu folgende Aussage zugeschrieben: "Was immer Du wünschest, wenn Du betest, glaube, dass Du es bekommst, und Du wirst es bekommen.»

Doch HUNA verlangt gar nicht, dass wir einfach glauben. Es verlangt nur, dass wir die Erkenntnisse der HUNA-Lehre in die Tat umsetzen und es dann geschehen lassen. Wir müssen jedoch erwarten, dass es geschieht

Die Kahunas betrachten es als sehr wichtig, dass sich jeder Mensch viel Zeit nimmt, über das Leben nachzudenken und vor allem darüber zu entscheiden, was er von seinem Leben und von seiner Zukunft erwartet. Denn nur wenn wir klare Vorstellungen haben, können wir auf klare Erfüllungen hoffen, ja wir können dann fest damit rechnen. Bei allem aber dürfen wir das HUNA-Grundgesetz nicht vergessen. Es lautet:

«Verletze niemanden»

Das heisst, auch nicht Dich selbst, aber auch kein Gesetz oder die Harmonie. Das ist nach Ansicht der Kahunas die einzige Sünde, die wir in diesem Leben begehen können. Für die Fortgeschrittenen lautet dieses Gesetz sinngemäss:

«Tue Gutes.»

oder

«Diene, um zu verdienen.»

Wer Gutes tut, kann damit ohnehin niemanden verletzen. Bevor Sie eine Bitte an das HOHE SELBST leiten, sollten Sie sich fragen, ob der erwünschte Zustand wirklich gut und der eigenen Anstrengung und des HOHEN SELBST würdig ist und vor allem, ob durch die Realisierung niemandem ein Nachteil entsteht. Das NIEDERE SELBST, es entspricht etwa dem Unterbewusstsein, ist allein in der Lage, über die unsichtbare AKA-Schnur, die es mit dem HOHEN SELBST verbindet, einen Kontakt herzustellen. HUNA bedeutet daher auch: «In sich selbst gehen» oder «sich selbst finden». Vom MITTLEREN SELBST, dem Bewusstsein, gibt es keine direkte Verbindung zum HOHEN SELBST. Erst wenn die zwei Selbste harmonisch zusammenarbeiten, können Sie jederzeit «direkt durchwählen».

Das «Durchwählen» wird aber nur sinnvoll, wenn ich weiss, was ich erreichen will und mich vergewissert habe, dass durch die Erfüllung meines Wunsches niemand in seinen Interessen verletzt wird. Ich muss den erwünschten Endzustand ganz klar vor mir sehen und in eine präzise Gedankenform bringen und diesen Schöpfungsakt mehrfach wiederholen, bis die innere Gewissheit der Erfüllung entsteht.

Ich muss die Wende zum Besseren also wirklich wünschen und wollen, und ich muss auf meiner Ebene alles tun, was ich zur Erfüllung beitragen kann, damit ich nicht zum Hindernis für die Erfüllung werde. Dazu gehört auch, dass ich mich wert fühlen muss, Erfüllung zu erlangen. Viele Menschen sind voller Selbstvorwürfe und Schuldgefühle, so dass sie durch diese Blockaden die Erfüllung verhindern oder zumindest verzögern.

Doch auch wenn alle Blockaden beseitigt sind, muss ich das Erkannte praktisch anwenden. Viele Menschen vergessen, dass das Wissen allein noch keine Ursachen hervorbringt, denn wir ernten nur, was wir säen, und wenn wir nicht säen, können wir auch nicht ernten. Alles was wir uns wünschen können, können wir auch erreichen, aber es ist möglich, dass wir uns dafür anstrengen müssen. So mancher bittet Gott um seinen Segen für seine Arbeit und erwartet dann, dass er sie auch noch tut.

Auch im geistigen Bereich gilt das physikalische Gesetz: «Von nichts kommt nichts». Es genügt also nicht, etwas noch so sehr zu ersehnen, ohne die geringste Anstrengung zu seiner Verwirklichung zu unternehmen. Wir sollten tätigen Glauben beweisen. Dann können wir das HOHE SELBST um Hilfe bitten, denn solange wir es nicht um Hilfe bitten, darf uns auch nicht gegeben werden, da sonst der freie Wille verletzt würde. Sobald wir aber im Bereich unserer Fähigkeiten und Möglichkeiten unseren Teil erfüllt haben, wird uns der fehlende Teil geschenkt.

In der Bibel heisst es: «Trachtet zuerst nach dem Reiche Gottes und seiner Gerechtigkeit, dann wird euch alles andere von selbst zufallen».

Für den Eingeweihten ist hier ganz klar das geistige Gesetz zu erkennen, das auch HUNA zugrunde liegt. Zuerst sollen wir nach dem Reiche Gottes suchen, also ganz eindeutig uns der höchsten Ebene zuwenden und dort nach «seiner Gerechtigkeit trachten», also das Richtige erkennen und tun. Dann wird uns alles andere von selbst zufallen.

Die hawaiische Sprache kennt zwei Worte für Gebet:

1. WAI-PA, was ganz wörtlich «Wasser teilen» bedeutet. Wasser ist in der Bibel das Symbol für den Geist, und auch nach der HUNA-Lehre ist es das Symbol für MANA, oder Lebenskraft. Ein Gebet ist ja auch eine Mitteilung, und auch dieses Wort ist eine Aufforderung, etwas mit jemandem zu teilen. Es ist ein Hinweis darauf, dass ich bei der Anwendung von HUNA etwas von mir gebe und es mit jemandem teile. Wenn ich die Betonung bei dem Wort «Gebet» auf die erste Silbe lege, dann ist darin die Aufforderung enthalten zu geben. In der Bibel heisst es: «Geben ist seliger denn nehmen.»

2. PULE, das zweite Wort der hawaiischen Sprache für Gebet bedeutet «aussenden» und ist eine Aufforderung, aktiv zu werden und etwas von mir auszusenden. Dabei ist es ganz gleich, wohin ich mein Gebet richte, denn es wird in jedem Fall von meinem HOHEN SELBST aufgenommen und zu meinem Besten erfüllt, wobei die Erfüllung nicht unbedingt mit meiner Vorstellung übereinstimmen muss.

Es gibt zwei besonders wichtige Voraussetzungen für ein wirksames Gebet:

1. Das Gebet sollte von einem starken, gefühlsbetonten Wunsch getragen werden.

2. Die Erfüllung der Bitte sollte mit unerschütterlicher Zuversicht und festem Glauben erwartet werden.

Durch HUNA haben wir auch eine Erklärung dafür, warum die üblichen Gebete, die ja nur vom MITTLEREN SELBST (Bewusstsein) ausgehen, keine Reaktion auslösen können. Das NIEDERE SELBST wird an der Aktion nicht beteiligt, und so wird die Bitte gar nicht ausgesandt. Ganz abgesehen davon, dass die Leitung durch Schuldgefühle blockiert sein kann, die erst beseitigt werden müssen, und dass das HOHE SELBST zudem MANA (Vitalenergie) benötigt, um die Bitte erfüllen zu können.

Wir unterscheiden drei Energieformen:

1. MANA
   Die Vitalenergie des NIEDEREN SELBST
2. MANA-MANA
   Die Willensenergie des MITTLEREN SELBST
3. MANA-LOA
   Die Lichtenergie des HOHEN SELBST, die auf der materiellen Ebene nicht benutzt werden kann.

Wir haben die Möglichkeit, für Wohnungen, Tiere und Pflanzen oder für unser Auto um Schutz zu bitten. Wir können einen Dauerschutz daraus machen, indem wir etwa bitten: «HOHES SELBST, schütze bitte mein Auto in jeder Beziehung. Lass bitte den Schutz weiterbestehen und nimm täglich das erforderliche MANA von mir.»

Man kann jedoch nicht Schutz für das Auto erbitten, wenn man zu bequem ist abzuschliessen. Wir müssen schon selbst zur Erfüllung der Bitte beitragen. Bei einer solchen Dauerbitte müssen wir täglich neues MANA schicken, damit das HOHE SELBST genügend irdische Energie hat, um auf der materiellen Ebene wirken zu können.

Noch einmal die drei Schlüssel der HUNA-Meditation:

1. Die klare Gedankenform des Wunsches
2. Die nötige Energie (MANA)
3. Das HOHE SELBST, das die Gedankenform in zukünftige Realität umformt

In der Bibel heisst es: «Was immer du wünschest, wenn du betest, glaube, dass du es bekommst, und du wirst es bekommen». Das Wort sofort steht nicht dort. Zwar ist die Erfüllung im geistigen Bereich sofort nach dem Gebet vollendet, aber wir sollten dem HOHEN SELBST Zeit lassen, sie auf der materiellen Ebene zur rechten Zeit zu manifestieren.

Die Fünf Geburten des Menschen

1. Die Zeugungs-Empfängnis

Beginn der gesetzmässigen Entwicklung. Umwelt und Erziehung sind Teil der Gesetzmässigkeit. Die Verkörperung erfolgt freiwillig aufgrund der Einsicht des Wesens in die Notwendigkeit.

2. Die eigentliche Geburt

Die Geburt ist weitgehend bestimmend für das Leben, denn es ist der erste «Eindruck» vom Leben. Ein Körper ist für die Seele anfangs immer noch sehr ungewohnt. Die Seele braucht neun Monate für den Aufbau des Körpers und zwei bis drei Jahre für die «Inbetriebnahme». In dieser Zeit lebt das Bewusstsein noch in der Mutter. Das Wesen sagt noch nicht «Ich».

3. Die Geburt zu sich selbst

Das ist der Beginn der Individualität. Sobald man «Ich» denken und sagen kann, lebt man im Bewusstsein der Absonderung, des Getrenntseins. Nicht nur der Körper, auch das Bewusstsein ist nun getrennt. Jedes andere «Ich» ist ein «Du».
Von dem Augenblick an gewinnt der Vater an Bedeutung. Aufgabe der Mutter ist das Bewahren und Pflegen des Wesens, Aufgabe des Vaters ist das Schützen und Führen zur Individualität (Ich-Bildung).
In der Phase lernt das Wesen «Nein» zu sagen, sich gegen die Umwelt zu behaupten (Trotzphase). Das erste «Nein» ist ein Grund zur Freude. Es ist erwacht. Es beginnt die Erziehung, das heisst, ein gegenseitiger Prozess.

4. Die Pubertät

Sie ist eine Doppelgeburt: a) zum funktionierenden Geschlechtswesen und b) zum Gemeinschaftswesen, zum Teil der Gesellschaft. Deshalb brauchen junge Menschen in dem Alter auch die Gruppe, bilden Banden, wollen in Komunen leben usw. Viele bleiben ein Leben lang in der Pubertät. «Manche werden im Laufe der Zeit erwachsen – die meisten werden nur alt.» Manche erreichen sogar nicht einmal die Pubertät, sondern bleiben ein Leben lang «Masse». Sie bleiben gewissermassen sitzen und wiederholen den gleichen Lernprozess, bis auch sie ein vollwertiges Glied der menschlichen Gemeinschaft geworden sind. Hier muss man erkennen, dass wir selbst unsere Hauptaufgabe sind. Ich kann dem Ganzen nur in dem Masse dienen, wie ich selbst entwickelt bin. Wer lebt, ohne der Gemeinschaft zu dienen, fällt ihr zur Last.

5. Die geistige Geburt

Erwachen zu der Erkenntnis: «Ich bin ein individualisierter Teil des einen Bewusstseins». Das transpersonelle «Ich» erkennen. Die Möglichkeit der Erleuchtung, Änderung der Prioritäten. Vom Materiellen zum Geistigen und vom Ego zur Einheit.
Selbstsicherheit erwacht, das heisst, das Bewusstsein des wahren Selbst. Bescheidenheit kommt von Bescheid wissen, doch ein Erweckter ist noch kein Vollkommener. «Selbst»erfüllung als Aufgabe. Das Selbst übernimmt die Führung der spirituellen Entwicklung.

Die Lebenszyklen des Menschen

1. bis 7. Lebensjahr – Die Kindheit
In dieser ersten Periode nehmen wir unseren Körper in Besitz. Wir lernen gehen, sprechen und unseren Körper beherrschen. In diese Zeit fällt die erste Trotzphase, in der wir uns als eigenständiges Wesen entdecken.

8. bis 14. Lebensjahr – Die physische Entwicklung
In dieser Zeit stehen die körperlichen Veränderungen im Vordergrund, und am Ende dieser Periode sollten die körperlichen Veränderungen eingetreten sein, die auf die dritte Periode vorbereiten.

15. bis 21. Lebensjahr – Die psychische Entwicklung
In dieser dritten Periode entwickelt sich unsere Sinnesart, unser Verantwortungsgefühl sowie unsere Haltung und die Grundzüge unserer Persönlichkeit. Wir lernen, in der Gemeinschaft zu handeln und werden mündig.

22. bis 28. Lebensjahr – Die Stabilisierung
In dieser Zeit festigen sich unsere Gefühle, und unsere Persönlichkeit tritt deutlicher hervor. Gleichzeitig werden wir empfänglich für die höheren Fähigkeiten sowie für Musik und Kunst.

29. bis 35. Lebensjahr – Die Kreativität
In dieser Zeit ist der Geist des Menschen besonders beweglich. Wir lernen, auf geistige Weise tätig zu sein, zu imaginieren und kreieren. In dieser Zeit beginnen wir, unseren eigentlichen Weg zu erkennen und zu gehen.

36. bis 42. Lebensjahr – Die Humanität
Diese Periode lässt uns in einem höheren Sinne die Gemeinschaft erkennen und erleben. Die verborgenen Dinge des Lebens beginnen sich uns zu erschliessen, und wir fangen an zu verstehen, was unsere wirkliche Aufgabe ist.

43. bis 49. Lebensjahr – Die Philosophie
Unsere philosophische Betrachtungsweise erschliesst uns nun eine ganz neue Welt. Neue Ideale werden wach und werden zu Zielen. Wir setzen in unserem Leben ganz neue Prioritäten. Wir beginnen, uns von der materiellen Welt zu lösen und wenden uns den geistigen Dingen zu.

50. bis 56. Lebensjahr – Die Religion
In dieser Zeit ziehen wir uns von unserem bisherigen Ehrgeiz zurück. Wir erkennen ein Nachlassen der Vitalität des Körpers. Krankheiten und Anstrengungen überstehen wir nicht mehr so leicht, was eine Aufforderung ist, sich noch mehr den geistigen Dingen zuzuwenden.

57. bis 63. Lebensjahr – Die lebende Seele
Nun beginnt auch ein Nachlassen der geistigen Fähigkeiten, was wir als Aufforderung verstehen, uns der Steigerung unserer seelischen Fähigkeiten zuzuwenden und den Körper mit dem Intellekt nur als Werkzeug der Seele zu erkennen.

64. bis 70. Lebensjahr – Der Geist wird sichtbar
Wir haben unseren Körper durchgeistigt und vollenden nun, unseren Geist ganz zu verkörpern. Die Zeit, die uns nun noch bleibt, dient nur noch diesem einen Ziel.

KALA - DIE GEISTIGE REINIGUNG

Wenn die HUNA-Meditation erfolgreich sein soll, muss Ihre Bitte, versehen mit einer Ladung MANA, über die AKA-Schnur zum HOHEN SELBST fliessen, und auf dem gleichen Weg sollte der «Regen des Segens» zurückströmen können. Voraussetzung dafür ist, dass die «Leitung» frei ist. Oft aber ist die Leitung blockiert.

Wenn Ihre HUNA-Meditation nur wenig oder gar keinen Erfolg bringt, dann haben Sie die Voraussetzungen dafür nicht oder noch nicht ausreichend geschaffen. Die wichtigste Voraussetzung ist die «Geistige Reinigung», die die Leitung zum HOHEN SELBST frei macht. Der Erfolg Ihrer Meditation wird also davon abhängen, wie gründlich Sie die geistige Reinigung vornehmen.

Die Leitung wird blockiert durch:

1. Innere Disharmonie

Eine Ursache dafür könnte sein, dass Sie sich selbst oder Ihre Lebenssituation nicht akzeptieren.

2. Bewusste oder unbewusste Schuldgefühle
3. Vagabundierende, hochgeladene Komplexe

Das sind falsch eingeordnete, mit MANA-Ladung versehene Erinnerungen. Sie wurden vom NIEDEREN SELBST falsch assoziiert und können sich scheinbar ohne Zusammenhang entladen. Viele Menschen sind chronisch müde, weil diese Komplexe zunächst täglich erneut mit Energie versorgt werden, bevor Energie für die Tagesaufgaben frei wird. Sobald Sie mit Hilfe des HOHEN SELBST diese Komplexe aufgelöst haben, wird nicht nur die gebundene Energie frei, sondern es entfällt auch die tägliche Nachladung der Komplexe. so dass Sie sich wesentlich frischer und tatkräftiger fühlen.

Sind noch Blockierungen vorhanden, dann sollten wir zunächst täglich einmal das HOHE SELBST um Auflösung dieser Blockierungen bitten, damit die Leitung frei wird. Wir sollten also unsere «inneren Schulden» bezahlen und dadurch unsere Schuldgefühle auflösen, die eine wirksame Meditation verhindern.

Hat das NIEDERE SELBST Schuldgefühle, seien es nun berechtigte oder eingebildete, dann traut es sich nicht, vor das HOHE SELBST zu treten und versucht daher gar nicht erst, einen Kontakt herzustellen.
Aber auch das MITTLERE SELBST kann durch Schuldgefühle belastet sein, so dass es gar nicht in der Lage ist, klare, kraftvolle Gedankenformen der Bitte herzustellen.

Dann sollten wir täglich um «Schutz und Führung» bitten, damit wir das Richtige tun und nicht neue Hindernisse schaffen.

Natürlich können solche Fixationen auch durch Meditation oder Rückführung in die verursachende Situation aufgelöst werden. Fragen Sie sich in der Meditation, wo Sie etwas Wichtiges nicht durchgearbeitet, nicht durchgelebt haben, oder wo Sie noch Spannungen haben. Sie können sich auch vom NIEDEREN

SELBST ein Bild von der Ursache der Blockade zeigen lassen. Haben Sie z.B. Schwierigkeiten mit den Nieren, dann fühlt sich das NIEDERE SELBST unrein. Haben Sie dagegen Gallenbeschwerden, dann bestehen sehr wahrscheinlich Spannungen zu einem Menschen in Ihrer Umgebung usw.

Für die Blockierungen sind immer das NIEDERE SELBST und das MITTLERE SELBST verantwortlich, nie das HOHE SELBST, das keine Blockierungen verursacht. Die Beseitigung der Blockierungen muss daher immer vom NIEDEREN SELBST und vom MITTLEREN SELBST veranlasst werden. Dabei kann das HOHE SELBST wirkungsvoll helfen, wenn wir es darum bitten. Darum ist unsere tägliche Bitte um Führung, Schutz und Hilfe so wichtig. Wir können auch das HOHE SELBST bitten, uns zu zeigen, was wir tun müssen, um die Blockierungen zu beseitigen und die Leitung wieder frei zu machen. Nur unser HOHES SELBST besitzt die Weisheit und Übersicht, um uns unseren individuellen Weg der geistigen Reinigung zu zeigen. Auch dafür müssen wir natürlich dem HOHEN SELBST die erforderliche Energie zur Verfügung stellen. Doch selbst wenn die Leitung blockiert ist, erreicht unsere Bitte um Hilfe bei der Freilegung das HOHE SELBST, und es wird nicht zögern, uns schnell und wirksam zu helfen.

Die Befreiung von Schuldgefühlen

Ich befreie mich von Schuldgefühlen durch die Erkenntnis, dass es in Wirklichkeit keine Schuld gibt, sondern nur mangelndes Verstehen oder mangelndes Wollen. Ich löse beides auf durch mein bewusstes Streben nach Erkenntnis und durch meine Bereitschaft, mich entsprechend meiner Erkenntnis zu verhalten.

Unbewusste, hochgeladene Komplexe werden täglich mit frischer Lebensenergie «belebt». Das verbraucht sehr viel Lebenskraft. Solange sie im Unbewussten ruhen, sind sie nicht voll wirksam. Erst, wenn sie ins Tagesbewusstsein steigen, wirken sie unmittelbar auf unser Leben ein. Werden sie mental «umerlebt» und dadurch aufgelöst, wird die Energie frei.

Diese hochgeladenen Komplexe brauchen dann nicht mehr täglich neu «belebt» zu werden. Die sonst hierfür benötigte Energie wird bei der Auflösung ebenfalls frei und steht sofort als Energie (Freude) zur Verfügung.

Tritt ein Ereignis der Vergangenheit in mein Bewusstsein, bei dem ich mich nicht meiner heutigen Erkenntnis entsprechend verhalten habe, «erlebe ich es mental um», so dass es dem Grad meines Bewusstseins entspricht, und verhalte mich auch in Zukunft entprechend. Ich anerkenne, dass ich damals noch nicht fähig oder willens war, es besser zu machen und bin dankbar, dass ich es heute besser weiss und willens bin, es auch zu tun. Aus dieser Erkenntnis heraus VERZEIHE ICH MIR UND BIN FREI !

So löse ich alte Spurbilder in meinem Gemüt mit allen karmischen Folgen auf, bis mein Gemüt völlig geklärt ist und ich bereit und fähig bin, alle «Eigenwilligkeiten» loszulassen, um nur noch den Willen der Schöpfung ungehindert durch mich fliessen zu lassen.

Auflösung von Schuldgefühlen gegenüber anderen

Schuldgefühle gegenüber einem anderen löse ich auf durch ein Gespräch mit dem anderen, indem ich meine Schuld eingestehe. Ist er nicht mehr zu erreichen – und nur dann, kann ich das auch in einem geistigen Zwiegespräch tun, bis der andere mich frei gibt oder ich mich in mir frei fühle, die innere Gewissheit der Auflösung der Schuld bekomme.

Ich denke dabei immer daran, dass Gott uns unsere Schuld von vornherein verziehen hat, er hat uns gar nichts übelgenommen und daher auch nichts zu verzeihen, weil er versteht, dass wir in dem Moment gar nicht anders konnten. Denn alles verstehen, heisst alles verzeihen. Also sollten auch wir uns verzeihen!

Nehmen wir uns doch einmal so, wie wir sind, und lieben uns. Wenn wir uns nicht lieben, können wir auch nicht von der Welt verlangen, sie soll uns lieben.

Stellen wir keine höheren Forderungen an uns selbst, als wir in der Lage sind zu erfüllen. Geben wir einfach in jedem Augenblick unser Bestes. Schliesslich kann niemand mehr von uns verlangen. Und lassen wir die Vergangenheit vergangen sein, lassen wir sie wirklich los.
Frage: Geben wir wirklich unser Bestes? Oder ginge es noch etwas besser?

Leben wir in einem Konflikt? Wenn ja, warum? Warum lösen wir den Konflikt nicht auf? Besser ein Ende mit Schrecken, als ein Schrecken ohne Ende! Auch eine Partnerschaft oder Ehe sollten wir auflösen, wenn wir ehrlichen Herzens unser Bestes gegeben haben, aber es nicht genügt hat. Es heisst zwar, was Gott zusammenfügt, soll der Mensch nicht trennen, aber was hat Gott damit zu tun, wenn wir eine falsche Entscheidung getroffen haben?

Erkennen wir also, was zu tun ist und
TUN ES

Alles kann zu einem Schuldgefühl führen, es genügt zu glauben, dass ein bestimmtes Verhalten falsch ist. Das kann durch Erziehung oder Umwelteinfluss bedingt sein oder durch das eigene Gewissen. Wie stark das Schuldgefühl und wie intensiv die emotionale Reaktion darauf ist, hängt ganz von der Persönlichkeit des einzelnen ab.
Es genügt jedoch, dass ein bestimmtes Verhalten für das NIEDERE SELBST als Sünde gilt, um es davon abzuhalten, eine Gedankenform an das HOHE SELBST weiterzuleiten. Damit sind beide Selbste von der Hilfe abgeschnitten, die nur das HOHE SELBST geben kann.

Wir müssen daher geduldig prüfen, wo das NIEDERE SELBST eine falsche Sicht der Dinge angenommen oder selbst entwickelt hat, und es überzeugen, dass das Leben ein Lernprozess ist und dass es ein unlösbarer Teil eines jeden Lernprozesses ist, Fehler zu machen. Wichtig ist nur, dass wir daraus lernen. Gehen Sie also alle erkennbaren Situationen durch, die zu einem Schuldgefühl geführt haben könnten, und zeigen Sie dem NIEDEREN

SELBST, was Sie daraus gelernt haben, und lassen Sie dann gemeinsam die Situation ganz bewusst los, weil sie ihre Schuldigkeit getan hat. Der «Fehler» hat Ihnen geholfen, einen Schritt in Ihrer Entwicklung weiterzukommen, und das war schliesslich Sinn der Sache.

Fehler sind dazu da, um gemacht zu werden. Wir sollten jedoch dafür sorgen, dass wir aus ihnen lernen und sie nicht wiederholen. Dann sagen Sie dem NIEDEREN SELBST, dass es keinen Grund hat, sich vor dem HOHEN SELBST zu verstecken, wie ein Kind, das bei einem Unrecht ertappt wurde, sondern dass es auch für den Fehler dankbar sein kann, weil er den nächsten Schritt in der eigenen Entwicklung ermöglichte.

Wir müssen also dafür sorgen, dass unsere Saat (die Gedankenformen) nicht auf steinigen Grund fällt (auf ein schuldbewusstes NIEDERES SELBST treffen) wo sie nur verdorrt, wenn das Licht darauf scheint.

Die Beantwortung der folgenden Fragen zeigt Ihnen, wo Sie aus der Ordnung gefallen sind und was zu tun ist, damit Sie wieder ganz «in Ordnung» kommen.

1. Was fehlt Ihnen?
   Welche Beschwerden haben Sie?
   Welche Krankheiten hatten Sie früher?
   Was sind Ihre Schwachstellen?

2. Was ist Ihr grösstes Problem?
   Was war Ihre grösste Enttäuschung?

Was war Ihr schlimmstes Erlebnis?
Haben oder hatten Sie Schuldgefühle?

3. Wer oder was stört Sie am meisten?
   Warum stört Sie das so sehr?
   Können Sie es ändern?
   Können Sie Ihre Einstellung ändern?

4. Haben oder hatten Sie Angst?
   Wovor haben/hatten Sie Angst?
   Ist die Angst aufgelöst?
   Ist die Angst begründet?

5. Wen oder was lieben Sie am meisten?
   Warum lieben Sie es so?
   Wollen Sie haben, oder wollen Sie geben?
   Erfreut oder belastet Sie diese Liebe?

6. Was ist Ihr grösster Wunsch?
   Warum haben/hatten Sie diesen Wunsch?
   Werden Sie diesen Wunsch verwirklichen können?
   Was fehlt Ihnen zur Verwirklichung?

7. Was würden Sie anders machen, wenn Sie
   a) das Leben noch einmal beginnen dürften?
   b) ganz gesund wären?
   Was hindert Sie daran, es von nun an anders zu machen?

Das Wort KA-LA bedeutet «säubern» oder «das Licht wiederherstellen», damit die Leitung zum HOHEN SELBST frei wird. Es ist ähnlich wie die Herstellung einer Telefonverbindung. Selbst wenn ich nur in das Nachbarhaus telefonieren will, geht die Verbindung über die weiter entfernte Schaltzentrale. Es ist der einzige Weg, um das Nachbarhaus telefonisch zu erreichen. So kann ich das HOHE SELBST, mein wahres Selbst nicht direkt erreichen, sondern muss das Gespräch über die Schaltzentrale des NIEDEREN SELBST leiten.

Dort aber kann die Verbindung unterbrochen oder vorübergehend gestört sein. Natürlich kann die Leitung auch durch Anrufe überlastet sein. Dann ist die Leitung besetzt, und eine Verbindung kommt nicht zustande. Ganz gleich aber, ob es sich um eine vorübergehende Störung oder um einen Kurzschluss handelt, ich kann erst wieder «durchwählen», wenn die Leitung frei ist.

Eine vorübergehende Störung kann Ärger, Ablehnung oder Kritik sein. Ein Kurzschluss kann durch Hass oder einen nicht beigelegten Streit hervorgerufen sein. Bevor ich mich wieder mit einer Bitte an das HOHE SELBST wenden kann, muss die Harmonie wiederhergestellt werden. Das geschieht durch eine Aussprache und Beilegung des Streites. Ärger vermeide ich durch die Erkenntnis, dass jeder Mensch das Recht hat so zu sein, wie er nun einmal ist, und ich nicht das Recht habe, darüber zu urteilen oder ihn gar zu verurteilen. Wenn ich wirklich jeden Menschen so annehme, wie er ist, mache ich mir selbst das grösste Geschenk. Ich kann von diesem Augenblick an nie mehr beleidigt sein oder gekränkt und verletzt, nicht einmal aggressiv, und natürlich kann ich mich nie mehr ärgern. Denn worüber will ich mich denn ärgern, wenn ich von dem anderen wirklich nichts mehr erwarte? Indem ich alle meine Erwartungen auflöse, befreie ich mich für alle Zeit vom Ärger. Das heisst nicht, dass ich vom anderen nichts mehr verlangen darf, ich darf nur nicht erwarten, dass es deshalb auch geschehen müsse, sondern ich sorge dafür, dass es geschieht.

Sobald die Leitung (der Aka-Faden oder die Aka-Schnur) zum HOHEN SELBST gereinigt und damit frei ist, fliesst auch das zur Erfüllung unserer Wünsche benötigte MANA wieder vom NIEDEREN zum HOHEN SELBST, sind die drei Selbste wieder in Harmonie. Deshalb ist die Reinigung (KALA) eine so wichtige und individuelle Angelegenheit. Wenn also die Erfüllung eines Wunsches auf sich warten lässt, dann ist hier die Stelle, wo wir zunächst den Fehler suchen sollten. Der Erfolg oder Misserfolg wird letztendlich davon abhängen, wie gründlich die KALA durchgeführt wurde. Das HOHE SELBST ist immer bereit zu helfen.

Die Lösung tiefsitzender Blockierungen kann viel Zeit erfordern. Glauben Sie daher nicht, dass eine einmalige Bitte um Auflösung genügt, und wiederholen Sie Ihre Bitte solange, bis Sie spüren, dass die Leitung frei ist und Ihre Meditation ungehindert das HOHE SELBST erreichen kann. Es kann nämlich sein, dass das MITTLERE SELBST eine falsche Denkweise eingesehen und geändert hat, das heisst aber nicht, dass auch das NIEDERE SELBST soweit ist. Es braucht einfach mehr Zeit dazu. Trotzdem sollten Sie sich das Freimachen der Leitung nicht als etwas Schwieriges vorstellen. Wenn Sie das Endziel fest vor Augen haben, werden Sie es mit Hilfe des HOHEN SELBST auch sicher erreichen. Sie sollten dann allerdings täglich Psychohygiene betreiben und so dafür sorgen, dass nicht neue Spannungen oder Schuldkomplexe entstehen können, damit der Pfad auch frei bleibt.

Sie sehen daraus, dass das Freilegen der Leitung eine sehr individuelle Angelegenheit ist, denn die Anzahl und Art der Schuldfixationen ist unbegrenzt. Dabei gibt es für die Grösse einer Schuld keinen absoluten Massstab. Vielmehr wird sie von der subjektiven Beurteilung durch das NIEDERE SELBST bestimmt. Die geistige Reinigung ist daher auch nur wirkungsvoll, wenn das NIEDERE SELBST überzeugt werden kann, dass man genug getan hat, um die Harmonie wiederherzustellen.
Eine gute Übung hierzu ist es, sich jedesmal beim Duschen vorzustellen, dass dabei auch geistig alles, was nicht gut ist, abgespült wird. Wenn Sie es sich zur Gewohnheit machen, stets mit dieser Vorstellung zu duschen, wird das sehr viel dazu beitragen, die Leitung freizuhalten.

Es genügt jedoch nicht, sich nur geistig von Schuld freizumachen. Nach der Vorstellung der Kahunas müssen wir das vor allem tatsächlich tun. Das heisst, dass wir begangenes Unrecht wiedergutmachen. Die bösen Gedanken eines Menschen, dem Sie bewusst oder unbewusst Leid zugefügt haben, blockieren sehr stark Ihre Leitung zum HOHEN SELBST und müssen vor der Meditation bereinigt werden. Bei den Kahunas heisst das, zu jedem hingehen und ihn um Verzeihung bitten. Mitunter ist das jedoch nicht mehr möglich, weil Sie viele Menschen aus den Augen verloren haben. In diesem Fall müssen Sie durch eine entsprechende gute Tat die Harmonie wiederherstellen.

Ein Schuldgefühl kann auch durch Erziehung bedingt oder durch ein falsch verarbeitetes Erlebnis entstanden sein. Auch hier können Sie Ihr NIEDERES SELBST nur durch eine grosse gute Tat überzeugen, dass die Harmonie wiederhergestellt ist und Sie die Erfüllung Ihrer Bitte wirklich verdienen. Das heisst, wenn Sie zum Ausgleich einer Schuld, die sich nicht bei dem Betroffenen ausgleichen lässt, einen Betrag für einen guten Zweck spenden wollen, dass dieser Betrag so gross sein muss, dass Sie den Verlust schmerzlich spüren. Er sollte so gross sein, dass er fast Ihre derzeitigen Möglichkeiten übersteigt.

Wir unterscheiden also zwei Arten von Wiedergutmachung:

1. Eine tatsächliche Wiedergutmachung bei dem Geschädigten oder, wenn das nicht möglich ist, stellvertretend bei einem anderen.

2. Die geistige Distanzierung von dem begangenen Unrecht und der feste Vorsatz, dies nicht mehr zu wiederholen, verbunden mit der Bitte um Vergebung an die Betroffenen.

Am besten, Sie machen stets beides, denn ich kenne keinen anderen Weg, das NIEDERE SELBST davon zu überzeugen. dass Sie wirklich alles getan haben, um die Erfüllung Ihrer Bitte zu verdienen. Der Satz aus der Bibel, «Was ihr dem Geringsten meiner Brüder getan habt, das habt ihr mir getan», bekommt in diesem Licht eine ganz neue Bedeutung.

Ist die Leitung zum HOHEN SELBST genügend gereinigt und wieder frei, dann ist damit die normale Beziehung zwischen den drei Selbsten automatisch wiederhergestellt, und wir können uns jederzeit mit unseren Bitten an das HOHE SELBST wenden und sicher sein, dass es uns in jeder Beziehung hilfreich zur Seite stehen wird.

SEGEN

Meine tägliche Bitte an das HOHE SELBST:

Ich bitte Dich um Fürsprache für alle, die mir in irgendeiner Weise Schaden zugefügt oder mir Kummer bereitet haben. Ich vergebe ihnen in Liebe. Ich bitte diejenigen, die ich bewusst oder unbewusst geärgert oder geschädigt habe, dass auch sie mir vergeben mögen, so wie ich den anderen vergeben habe. Hilf mir so liebevoll zu werden, dass niemand mehr durch mich zu Schaden kommt.

UNIHIPILI - DAS NIEDERE SELBST

Das NIEDERE SELBST kontrolliert die Körperfunktionen. Es ist nicht logisch, hat aber einen schlussfolgernden Verstand (genau und wörtlich). Es ist der Sitz der Emotionen und ist empfänglich für Suggestionen. Es produziert Vitalkraft (MANA) und kann diese im Schattenkörper (Ätherleib) speichern. Es kontrolliert die AKA-Fäden und die Gedankenformen sowie das Gedächtnis, und es kann Gedanken lesen. Es entspricht etwa dem Unterbewusstsein. Es ist die Quelle der Kraft, die auf allen drei Ebenen des Lebens gebraucht wird, auf denen die drei Selbste wirken.

Wir können mit dem NIEDEREN SELBST sprechen wie mit einem Freund. Wenn Sie mit ihm sprechen wollen, entspannen Sie sich zunächst, weil sich dann auch das NIEDERE SELBST entspannt und seine Aufmerksamkeit nicht von anderen Dingen abgelenkt ist. Sagen Sie ihm dann in Gedanken, dass Sie es gern näher kennenlernen möchten und daher in nächster Zeit öfter mit ihm sprechen wollen. Sagen Sie ihm auch, dass Sie ihm gern einen Namen geben möchten, damit Sie es persönlich ansprechen können, und lassen Sie es den Namen selbst auswählen, indem Sie einige Vorschläge machen, bis Sie bei einem Vorschlag ein Gefühl der Zustimmung bekommen. Wenn der Kontakt hergestellt ist, bitten Sie es um Mitarbeit. Sprechen Sie es von nun an öfter an, und vergessen Sie nicht, es auch häufig zu loben.
Beginnen Sie mit einfachen Aufträgen, wie z.B. eine angenehme Erinnerung in Ihnen hochsteigen zu lassen. Das wird es gern tun. Oder Sie fragen es, wie spät es sei. Es wird Ihnen das Bild einer

Uhr vor Ihr geistiges Auge bringen, und Sie können die Zeit ablesen. Sie haben dabei eine sofortige Kontrollmöglichkeit und wissen so, wann Sie sich auf Ihr NIEDERES SELBST verlassen können. Sie können sich auch an Termine erinnern lassen oder einen lästigen Schmerz abstellen, wobei Sie aber gleich sagen sollten bis wann, z.B. «Zahnschmerzen bitte bis Montag mittag abstellen, weil ich am Vormittag zum Zahnarzt gehen werde.» Schmerzen aber bitte nicht dauernd abstellen, weil sonst eine Krankheit unbemerkt bleiben könnte. Und immer wieder danken und loben für die Hilfe.

Denn das NIEDERE SELBST wird gern gelobt. Sagen Sie also möglichst jedesmal, wenn Sie Grund dazu haben: «Wunderbar, das hast du ganz perfekt gemacht. Ich danke dir - das war wirklich gute Arbeit».

Ich muss zum Beispiel für meine Arbeit sehr viel lesen, und schon vor zwanzig Jahren brauchte ich eine Brille. Diese Brille liegt noch immer unbenutzt in meiner Schreibtischschublade, und so danke ich immer wieder dafür, dass ich noch immer stundenlang lesen kann, und danke dem NIEDEREN SELBST für seine Hilfe bei der Optimierung meiner Sehfähigkeit.

Überhaupt führe ich häufig ein geistiges Zwiegespräch mit meinem NIEDEREN SELBST, und mitunter spreche ich dabei sogar laut, weil ich weiss, dass das gesprochene Wort das NIEDERE SELBST stark beeindruckt. Noch mehr wird es von dem gedruckten oder geschriebenen Wort beeindruckt, und die beste Wirkung kann man erreichen, indem man den erwünschten Endzustand sorgfältig aufschreibt und gründlich überarbeitet und ihn dann laut dem NIEDEREN SELBST vorliest. Wenn man das noch mit einem starken Gefühl der Freude und Dankbarkeit verbindet, kann man sicher sein, dass das NIEDERE SELBST sein Bestes geben wird, um bei der Erfüllung mitzuwirken.

Natürlich sollte man nicht gleich mit dem Schwierigsten beginnen, sondern mit einfachen Übungen, die eine sofortige Erfolgskontrolle ermöglichen, damit man das NIEDERE SELBST gleich loben oder den Auftrag wiederholen kann, bis der Erfolg eintritt.

Ein einfaches Experiment für die Zusammenarbeit mit dem NIEDEREN SELBST ist der Gedanke an Gähnen. Meist genügen nur wenige Sekunden, und das NIEDERE SELBST wird Sie veranlassen zu gähnen.

Auch das Auslösen eines tiefen und erholsamen Schlafes ist für das NIEDERE SELBST eine Kleinigkeit. Nach einiger Übung genügt ein bestimmtes Wort als Auslöser, und Sie schlafen sofort tief und fest.

Denken Sie aber stets daran, das NIEDERE SELBST nicht nur mit Suggestionen Ihrer Wünsche einzudecken, sondern bringen Sie ihm Liebe und Geduld entgegen. Erzählen Sie ihm in leuchtenden Farben von den Vorteilen, die es selbst haben wird, wenn das Ziel erreicht ist. Gelingt es Ihnen, sich für ein Ziel wirklich zu begeistern und einen festen Willensimpuls aufzubringen, dieses Ziel unbedingt erreichen zu wollen, dann können Sie der Mitarbeit des NIEDEREN SELBST sicher sein. Das Wichtigste aber ist, dass nur das NIEDERE SELBST in der Lage ist, einen Kontakt zum

HOHEN SELBST herzustellen. Laden Sie es daher ein, an der Gestaltung Ihres Lebens freudig mitzuarbeiten.

Betrachten und behandeln Sie Ihr NIEDERES SELBST stets als Freund und Helfer. Haben Sie einmal etwas verloren oder verlegt, so bitten Sie es, Ihnen entweder mitzuteilen, wo der gesuchte Gegenstand liegt, oder Sie im Laufe des Tages direkt hinzuführen. Sie können es bitten, Sie zur rechten Zeit zu wecken oder Sie beim Einkaufen an alles Gewünschte zu erinnern.

Die Mitarbeit des NIEDEREN SELBST wird freudiger erfolgen, wenn Sie einen äusserlichen Stimulus finden. Es hat sich z.B. gezeigt, dass das NIEDERE SELBST sehr stark vom gedruckten Wort beeindruckt wird. Schreiben Sie daher Ihre Wünsche auf und lesen Sie sie wiederholt, möglichst sogar laut vor. Wegen dieser Eigenschaft des NIEDEREN SELBST glauben so viele Menschen alles, was sie gedruckt sehen. Noch mehr können Sie das NIEDERE SELBST mit einer Belohnung beeindrucken.
Zur Belohnung sollte man dem NIEDEREN SELBST jedesmal, wenn es einen Wunsch weitergeleitet oder direkt selbst ausgeführt hat, wenn ihm das möglich war, etwas geben, was ihm Freude macht. Das kann ein kleiner Leckerbissen sein, oder ein bestimmter Film oder eine Runde Tennis, denn alles, was Ihnen Freude macht, das macht auch dem NIEDEREN SELBST Freude, denn es ist ja das NIEDERE SELBST, das die Freude empfindet.

Maxwell Freedom Long berichtet, dass eine Kahuna, die er um Rat aufsuchte, vor der Weiterleitung seiner Bitte einen Silberdollar als Vorschuss verlangte. Das war sicherlich als physische

Stimulanz für ihr NIEDERES SELBST gedacht, das diesen Silberdollar als Belohnung ansah für die auszuführende Arbeit. Wenn man für eine Arbeit schon Geld erhalten hat, muss man die Sache besonders gut machen.

Man kann allerdings auch eine geistige Belohnung wählen. Verleihen Sie doch Ihrem NIEDEREN SELBST je nach Leistung einen silbernen oder goldenen Stern als Auszeichnung für besondere Dienste. Dies sollte am besten abends vor dem Schlafen geschehen und wirklich in der Imagination, also in der bildhaften Vorstellung als kleiner Wachtraum, oder wie in einem Film erlebt werden. Dabei können Sie Ihrem NIEDEREN SELBST in der Imagination ruhig Beifall klatschen und es so ermuntern, beim nächsten Mal seine Sache noch besser zu machen.

Das NIEDERE SELBST sollte behutsam geführt und nicht mit Suggestionen «zusammengestaucht» werden. Erzählen Sie ihm lieber in begeisterten Worten von den Vorteilen, die Sie beide haben werden, sobald der Wunsch verwirklicht ist. Nur wenn Sie selbst überzeugt sind, werden Sie auch Ihr NIEDERES SELBST überzeugen. Schliesslich sind Sie auf seine Mitarbeit angewiesen, denn es hat Fähigkeiten, die dem MITTLEREN SELBST fehlen, vor allem aber ist nur es in der Lage, den Kontakt zum HOHEN SELBST herzustellen. Überzeugen Sie es, dass Sie Erfüllung wirklich verdienen.

Es empfiehlt sich, für die Zusammenarbeit mit dem NIEDEREN SELBST ein äusserliches Ritual zu erfinden, das seine ganze Konzentration erfordert, damit es sich nicht zwischendurch mit etwas anderem beschäftigen kann. Der Ablauf sollte dabei immer in der gleichen Weise erfolgen, damit sich das NIEDERE SELBST daran gewöhnt und später stets in der gleichen Art reagiert.

Man muss das NIEDERE SELBST vor allem überzeugen, dass man sein Vorhaben ernst meint und wirklich erreichen möchte. Das bedeutet, dass Sie in sich zunächst die unerschütterliche Absicht aufbauen, sich solange zu bemühen, bis das Ziel erreicht ist. Das NIEDERE SELBST merkt sofort jede Unsicherheit und reagiert ebenfalls unsicher.

Ausserdem müssen wir uns regelmässig und vitalstoffreich ernähren, denn es ist das NIEDERE SELBST in Verbindung mit dem physischen Körper, das die Lebenskraft MANA produziert, die wir für alle drei Selbste benötigen. Natürlich gehört dazu auch, dass wir richtig atmen, denn der Atem ist die Voraussetzung für den optimalen Ablauf aller Stoffwechselprozesse im Körper. Nicht umsonst beginnen und enden alle Mysterienschulungen mit dem Beobachten und der Pflege der Atmung.

Den stärksten Effekt auf das NIEDERE SELBST erzielt die regelmässige Wiederholung eines möglichst gleichen Trainingsablaufes, so dass das NIEDERE SELBST immer leichter, schneller und sicherer den Kontakt zum HOHEN SELBST herstellt.

Wenn man mit dem NIEDEREN SELBST in Verbindung treten will, sollte man sich an einen ruhigen Platz setzen und dafür sorgen, dass man für die Dauer des Kontaktes nicht gestört wird. Dann spreche man das NIEDERE SELBST an wie einen Freund und lade es ein, sich einmal bemerkbar zu machen. Am besten spricht man laut mit ihm und wartet dann ab, ob sich im gemeinsamen Bewusstseinszentrum ein besonderer Eindruck einstellt. Natürlich kann man auch bestimmte Fragen stellen, so z.B. mit welchem Namen man es ansprechen könne. Oder man bittet es, ein schönes Gefühl zu produzieren oder eine angenehme Erinnerung zu schicken. Dann warte man, möglichst in «Gedankenstille» ab, was geschieht. Meistens braucht man nicht lange zu warten, und oft kommt die Reaktion, während man noch die entsprechende Bitte formuliert. Auch hierbei werden die Ergebnisse mit zunehmendem Training immer besser.

Dazu gehört auch, dass man immer wieder die bereits erarbeiteten Gedankenformen auf den geistigen Bildschirm projiziert und sie immer präziser, klarer und mit leuchtenden Farben «sieht». Dabei kann man sie mit einem immer stärkeren Gefühl der Dankbarkeit und Freude aufladen. Je klarer und präziser die Ursachen (Gedankenformen) sind, desto schneller und präziser werden auch die Erfüllungen sein. Damit haben wir ein absolut zuverlässiges Instrument, unsere Zukunft zu gestalten und unerwünschtes Verhalten zu ändern. Was das MITTLERE SELBST vielleicht immer wieder vergeblich mit «zusammengebissenen Zähnen» zu erreichen versucht, das schafft das NIEDERE SELBST ganz leicht und ohne jede Anstrengung. Wir müssen nur den erwünschten Endzustand klar eingeben, damit es unsere Absicht unzweifelhaft erkennt und diese Gedankenform mit einer starken «Ladung» an Wunschkraft versieht. Mechanisch gesprochene Worte haben für das NIEDERE SELBST keine Überzeugungskraft. Erst durch die entsprechende Ladung ensteht für das NIEDERE SELBST die absolute Notwendigkeit der Durchführung.

Will man die Kraft seines NIEDEREN SELBST nutzen und ihm eine Gedankenform eingeben, sollte man sich zuvor körperlich und geistig entspannen. Dabei muss auch der Wille entspannt werden, denn nur so gelingt es optimal, die Gedankenform dem NIEDEREN SELBST gewissermassen einzupflanzen. Im Zustand der Entspannung braucht das NIEDERE SELBST nur ein Minimum an Kraft, so dass der Grossteil der Kraft als MANA dem HOHEN SELBST mit der Bitte zugeleitet werden kann. Der Umgang mit dem NIEDEREN SELBST sollte spielerisch sein, umso leichter ist es bereit, mitzuarbeiten. Gegen den Widerstand des NIEDEREN SELBST etwas erreichen zu wollen, ist ziemlich sinnlos. Versuchen Sie doch einmal, sich zum Schlafen zu zwingen. Vermutlich werden Sie noch gegen Morgen wach liegen, und erst wenn Sie aufgeben, schlafen Sie ein.

Eine gute Entspannung erreicht man, indem man die einzelnen Muskelgruppen anspannt, diese Spannung sieben Sekunden lang hält und dann loslässt. Zum Schluss Arme und Beine hochheben, alle Muskeln gleichzeitig anspannen, diese Spannung wieder sieben Sekunden lang halten und dann alle Muskeln schlagartig loslassen. Stellen Sie sich dabei vor, Sie seien wieder ein Kind und spielten ein neues, interessantes Spiel mit Ihrem NIEDEREN SELBST.

Oft zeigt sich gleich beim ersten Versuch der Zusammenarbeit mit dem NIEDEREN SELBST ein Erfolg. Gewöhnlich aber bedarf es einer kurzen Übungszeit, bis sich überzeugende Erfolge einstellen und zur Regel werden. Manchmal ist das NIEDERE SELBST auch bockig und lehnt bestimmte Gedankenformen ab, wenn die Durchführung seinen eigenen Ansichten entgegensteht. Deshalb ist es so wichtig, vorher das NIEDERE SELBST von den Vorteilen der Durchführung zu überzeugen. Gelingt uns das nicht, ist mit einem Erfolg nicht zu rechnen, bis das NIEDERE SELBST zur Zusammenarbeit bereit ist.

Dazu wird es auch nicht bereit sein, solange es sich unwürdig fühlt oder sich schämt, weil es glaubt, etwas falsch gemacht zu haben. Auch die Furcht vor einer Strafe kann es hindern mitzumachen.

Die pulsierende Imagination

Das Erlernen und die wirkungsvolle Durchführung der HUNA-Meditation fällt gerade denen am schwersten, die sie besonders nötig brauchten. Oft ist auch das NIEDERE SELBST so eigenwillig wie ein unerzogenes Kind, und man kann seine Aufmerksamkeit stets nur für einige Sekunden auf eine Sache lenken. In einem solchen Fall hilft zuverlässig die «pulsierende Imagination». Hierbei stellt man sich das Gewünschte möglichst plastisch vor, lässt diese Vorstellung nach zwei bis drei Sekunden kurz los, um es sich dann erneut vorzustellen. Das kurze Loslassen genügt, um die Aufmerksamkeit auch eines bockigen NIEDEREN SELBST wieder auf das Gewünschte zu lenken. Das Ganze wiederholen Sie dann für zwei bis drei Minuten.

Wenn Sie mit Ihrer Meditation erfolgreich sein wollen, muss auch die Leitung frei sein. Die HUNA-Meditation ist ja telepathischer Natur, da die Aussendung der Gedankenform des Gewünschten über die AKA-Schnur zum HOHEN SELBST erfolgt. Dies ist die einzige Verbindung zum HOHEN SELBST.

Das NIEDERE SELBST eines jeden Menschen verfügt über die Fähigkeit zur Telepathie, sie ist nur bei den meisten nicht oder nicht ausreichend entwickelt. Für die HUNA-Meditation brauchen wir aber gerade diese Fähigkeit und müssen sie entwickeln und fordern. Das geschieht vor allem durch die tägliche Meditation.

Das NIEDERE SELBST kann auch einmal eine Suggestion ablehnen. Das geschieht dann, wenn die Suggestion seinen eigenen Ansichten in einer Sache entgegensteht. Dann entscheidet das NIEDERE SELBST nach eigenem Ermessen, dass sein Gedanke besser ist und weigert sich einfach, die neue Idee auszuführen. Das kann mitunter in einer so heftigen Form geschehen, dass das MITTLERE SELBST von Emotionen der Angst oder des Ärgers mitgerissen wird. Hier hilft dann nur liebevolles Erklären der Vorteile der neuen Situation aus der Sicht des NIEDEREN SELBST oder eine Belohnung, damit es einsichtig wird.

Wenn es uns nicht gelingt, das NIEDERE SELBST zur Mitarbeit zu bewegen, brauchen wir auf keinen Erfolg zu hoffen. Zeigen sich aber immer häufiger die erwünschten Reaktionen, bewirkt die regelmässige Wiederholung einen starken Trainingseffekt, so dass die Ergebnisse immer besser werden. Wir können ihm dann auch die Suggestion geben, die Aufgaben des Alltags, da sie ja nun einmal getan werden müssen, statt mit mühsamer Überwindung mit Heiterkeit und Freude zu erledigen.

Das MITTLERE SELBST sollte als wacher Beobachter die Arbeit des NIEDEREN SELBST überwachen und sich nicht von dessen Emotionen mitreissen lassen. Ausserdem kann es so jederzeit dem

NIEDEREN SELBST die Hand hinhalten und es aus dem Strudel seiner Gefühle herausholen.

Am besten ist es, wenn man das NIEDERE SELBST dazu bringt, sich das zu Erreichende selbst zu wünschen. Dann ist es am ehesten bereit, etwas aufzugeben, was der Erfüllung entgegensteht. Das MITTLERE SELBST muss ihm beibringen, dass man anderen in keinem Fall wehtun darf und auch deren Interessen berücksichtigen muss. Darum ist es wichtig, sich immer wieder einmal Zeit zu nehmen, um über die komplizierten Folgen seines Tuns nachzudenken. Die Kahunas erachteten es als sehr wichtig, dass man sich täglich eine bestimmte Zeit nimmt, um über das Leben, seine Ziele und seine Zukunft nachzudenken. Viel zu oft überlassen wir die Führung dem NIEDEREN SELBST, das in einer animalischen Denkungsweise lebt und den eigenen Vorteil im Auge hat.

Mitunter ist das NIEDERE SELBST störrisch wie ein Esel. Will ein Esel etwas nicht, helfen weder Zureden noch Schläge. Wenn er aber auf die Weide will, also ein Ziel hat, läuft er weit und ausdauernd und durchbricht alle Hindernisse. Ähnlich reagiert das NIEDERE SELBST, und es liegt am MITTLEREN SELBST, ihm ein verlockendes Ziel anzubieten.

Manchmal ist auch der Wille des MITTLEREN SELBST zu schwach. Es möchte zwar etwas erreichen, wünscht es sich aber nicht stark genug, um sich wirklich Mühe zu geben. Das NIEDERE SELBST erkennt sofort diese Willensschwäche und gibt sich ebenfalls keine Mühe. Es genügt nicht nur zu «MÖCHTEN», wir müssen schon wirklich WOLLEN!

Wenn das MITTLERE SELBST nicht straff genug führt, kann es auch sein, dass das NIEDERE SELBST einfach einschläft. Im Schlaf aber wird der Kontakt der beiden Selbste unterbrochen, so dass keine Übertragung einer Gedankenform mehr erfolgt. Da hilft nur, sich jeden Satz des erwünschten Endzustandes immer wieder bildhaft vorzustellen, um so geistig tätig zu bleiben. Noch besser ist es, mit so viel Begeisterung bei der Sache zu sein, dass das NIEDERE SELBST mitgerissen wird.

Das NIEDERE SELBST sollte vollauf damit beschäftigt sein, dem HOHEN SELBST über die AKA-SCHNUR laufend MANA hochzugeben, so dass es bei der Sache bleiben muss. Dabei können Sie ihm helfen, indem Sie ein physisches Stimulans einsetzen, wie z.B. bestimmte Atemübungen, verbunden mit der bildhaften Vorstellung einer anstrengenden Tätigkeit wie Laufen, Rudern oder Gewicht heben. Für die Damen kann die Vorstellung des Tanzens hilfreich sein. Schon bei der Vorstellung einer anstrengenden Tätigkeit stellt das NIEDERE SELBST automatisch Energie bereit. Wird die vorgestellte Tätigkeit dann nicht ausgeführt, steht die bereitgestellte Energie für andere Zwecke zur Verfügung.

Sobald der Körper voller Energie ist, die «überzufliessen» beginnt, sagen wir zum NIEDEREN SELBST, dem wir einmal den Namen «GEORGE» geben wollen:

«So George, stelle nun bitte einmal den Kontakt zu unserem HOHEN SELBST her und lass die Energie hochfliessen, verbunden mit der Gedankenform unserer Bitte. Sobald die benötigte Energie erreicht ist, geben wir noch eine Extraportion MANA hinauf, als Gabe für einen guten Zweck». Dann warte ich ab, bis der Fluss der Energie aufgehört hat und George seine Arbeit beendet hat. Dann sage ich ihm:

«Das wär's für heute, ich danke dir, das hast du wieder ganz hervorragend gemacht, und nun beenden wir die Aktion».

Natürlich kann man auch einen anderen Menschen mit seinem eigenen Mana füllen. Ein Wunsch wird damit aber erst erfüllt, wenn man das NIEDERE SELBST des anderen informiert, was es mit dem MANA machen soll. Das geschieht, indem man mit dem NIEDEREN SELBST des anderen spricht, so wie man mit seinem NIEDEREN SELBST sprechen würde, und ihm dann genaue Anweisungen für die Verwendung des MANA gibt. Auch hier ist der Wunsch mehrfach zu wiederholen, während man die Gedankenform des erwünschten Endzustandes mit dem MANA zum HOHEN SELBST hochfliessen lässt. Ich wiederhole jeden Wunsch siebenmal in einer Aktion.

Wenn ich anderen Leid zufüge, veranlasse ich deren HOHES SELBST, die nötigen Schritte gegen mich zu unternehmen, mich in Zukunft daran zu hindern. Wenn ich aber anderen mit Grosszügikeit und Freundlichkeit diene, mache ich mir auch deren HOHES SELBST zum Freund und schaffe mir so viele mächtige Freunde.

UHANE - DAS MITTLERE SELBST

Das MITTLERE SELBST lebt als Gast im physischen Körper, der unter der Kontrolle des NIEDEREN SELBST ist. Die besondere Fähigkeit des MITTLEREN SELBST ist seine Urteilskraft. Es kann konkrete und abstrakte Dinge beurteilen, zwischen verschiedenen Alternativen wählen und sich für eine Sache entscheiden. Nur das MITTLERE SELBST kann «sündigen». Die einzige Sünde ist, jemanden zu verletzen, sich selbst eingeschlossen. Das MITTLERE SELBST kann dem physischen Körper Vitalkraft entnehmen und daraus «Willensenergie» bilden. Die Willensenergie des MITTLEREN SELBST hat ein höheres Potential und kann daher das geringere Potential der Energie des NIEDEREN SELBST überwinden. Es hat jedoch kein Gedächtnis und ist daher in dieser Hinsicht auf die Zusammenarbeit mit dem NIEDEREN SELBST angewiesen. Das MITTLERE SELBST kann aus sich heraus auch keine Emotionen erzeugen. Es verwendet eine Vitalkraft mittlerer Spannung, die es für alle seine Denkprozesse und Willensäusserungen benutzt und benötigt. Es kann auch mesmerische und hypnotische Wirkungen erzeugen, indem es eine mit seiner Vitalkraft aufgeladene Gedankenform in das NIEDERE SELBST einer anderen Person überträgt. Es ist jedoch darauf angewiesen, Vitalkraft vom NIEDEREN SELBST zu erhalten, die es dann zu eigener Willensenergie umformt. Das NIEDERE SELBST wird von dieser Willensenergie gewaltig beeindruckt und veranlasst, in der gewünschten Weise zu reagieren. Ist jedoch ein Gedanke nur schwach mit Energie geladen, dann ist auch der Eindruck und damit die Wirkung nur schwach.

Die Vitalkraft kann vom Willen beliebig gelenkt werden. Geschieht das nicht, zerstreut sich die Vitalkraft wieder, ohne etwas zu vollbringen. Ein Wunsch wird mit Willensenergie aufgeladen, indem man immer wieder intensiv über ihn nachdenkt. Eine Minute intensiven Nachdenkens genügt in der Regel, um eine Gedankenform stark genug aufzuladen. Ist das geschehen, fordert man das NIEDERE SELBST auf, diese Gedankenform, versehen mit seinem MANA, über die AKA-Schnur dem HOHEN SELBST zu senden. Es ist dabei wichtig, dem NIEDEREN SELBST zu sagen, dass es auch selbst Vorteile durch die Erfüllung der Bitte haben wird und in welcher Form das geschehen soll. Nur dann wird es bereit sein, seine Aufgabe voll zu erfüllen. Der Wille ist das Werkzeug, das der Kraft den Weg weist. Auch der Wille des MITTLEREN SELBST besteht aus Vitalkraft, wird aber vom MITTLEREN SELBST zu MANA-MANA hochgespannt. Bevor der Wille eingesetzt werden kann, muss das MITTLERE SELBST einen Wunsch, oder ein Bedürfnis haben und eine Gedankenform von dem erwünschten Endzustand schaffen. Dann muss das MITTLERE SELBST das NIEDERE SELBST überzeugen, dass die Erfüllung für beide erstrebenswert ist, damit es freudig seinen Teil beiträgt.

Das MITTLERE SELBST ist darauf angewiesen, vom NIEDEREN SELBST MANA zu erhalten, das es dann in die stärkere Kraft umformen kann, die wir Willen nennen. Das MITTLERE SELBST lebt nur als Gast im physischen Körper, der unter der Kontrolle des NIEDEREN SELBST steht. Auch in bezug auf das Erinnerungsvermögen ist das MITTLERE SELBST auf das NIEDERE SELBST angewiesen, und es kann auch von sich aus keine Emotionen erzeugen. Seine Gaben sind die Urteils-und

Willenskraft. Damit kann es die geringere Willenskraft des NIEDEREN SELBST überwinden. Doch ist das NIEDERE SELBST dem MITTLEREN SELBST keineswegs ausgeliefert, denn das NIEDERE SELBST kann sich weigern, MANA hochzugeben, so dass keine Willenskraft zur Verfügung steht.

Was Willenskraft vermag, kann jeder mit einem kleinen Experiment selbst feststellen. Nehmen Sie einen Karton und machen Sie am Ende zwei oder drei «Ausgänge». Dann setzen Sie in den Karton einen Käfer und konzentrieren Ihren Willen darauf, welchen «Ausgang» der Käfer nehmen soll. Anfangs werden die Ergebnisse kaum über der Wahrscheinlichkeit liegen, aber schon nach kurzer Zeit ist es möglich, von zehn Versuchen zehn Treffer zu erzielen.

Das heisst, dass auch die Fähigkeiten des MITTLEREN SELBST trainiert werden müssen und es ebenso wie das NIEDERE SELBST erzogen werden muss, das Gewünschte zu tun.

Die richtige Einstellung zu materiellen Dingen zeigt folgende Geschichte:

Einige Schiffbrüchige stranden an einer Insel. Es ist spät, und so suchen sie etwas Laub zusammen und machen sich ein Lager. Bevor sie sich zur Ruhe begeben, prüfen sie ihre Vorräte und überdenken ihre Situation und ihr weiteres Verhalten.

Einer von ihnen aber sucht alles Laub zusammen, das er nur finden kann, und legt einen riesigen Haufen an. Er arbeitet fast die ganze Nacht, und tatsächlich hat er den grössten Haufen aufgetürmt und alles erreichbare Laub herbeigeholt.

Dann klettert er erschöpft auf seinen Haufen, kann aber gar nicht zur Ruhe kommen, weil dieser immer wackelt und der Wind die Blätter wegweht. So muss er sich ständig bemühen, alles zusammenzuhalten. Als die anderen am nächsten Morgen frisch aufwachen, ist er todmüde. So ziehen sie weiter und lassen ihre Laubhaufen zurück, die der Wind wieder zerweht.

Das MITTLERE SELBST sollte der weise und gütige Führer sein, doch häufig wird es von der Kraft der Emotionen des NIEDEREN SELBST wie Angst, Ärger oder Aggression mitgerissen. Also sollten wir üben, in jeder Situation der stille Beobachter zu bleiben, der gelassen Wirklichkeit wahrnimmt und die richtigen Entscheidungen im rechten Augenblick fällt. Auch zur Entspannung des NIEDEREN SELBST muss das MITTLERE SELBST den ersten Schritt tun, indem es die willkürlichen Muskeln entspannt und die Atmung bewusst ruhiger werden lässt. Gleichzeitig gibt es dem NIEDEREN SELBST ein Bild vom erwünschten Entspannungszustand und veranlasst es durch behutsamen Einsatz seiner Willensenergie, diesen Zustand zu verwirklichen.

Das MITTLERE SELBST als der Teil des Menschen, der sich seiner eigenen Existenz bewusst ist und die Fähigkeit zu logischem Denken und vernünftigem Handeln hat, muss immer über den Dingen stehen, um jede Situation souverän meistern zu können. Auch das MITTLERE SELBST kann die Zukunft gestalten. Wir tun das laufend durch unsere Entscheidungen, nur sind seine Möglichkeiten durch unzureichendes Wissen begrenzt. Sie sehen, es ist keineswegs ein Wunder, seine Zukunft gestalten zu können, wir alle tun das bereits jetzt, nur können wir mit Hilfe des HOHEN SELBST die richtigen Entscheidungen treffen, indem wir uns über die Intuition von ihm führen lassen.

Aufgabe des NIEDEREN SELBST ist es, über seine animalische Natur hinauszuwachsen und niemanden zu verletzen. Aufgabe des MITTLEREN SELBST ist es, nicht nur niemanden zu verletzen, sondern zu lernen, hilfsbereit zu leben, mit anderen zusammenzuarbeiten und dem Ganzen zu dienen. Mitunter ist es jedoch noch nicht bereit, seine vollen Möglichkeiten auszuschöpfen. Ich denke da an eine junge gelähmte Frau, die vor einiger Zeit als Patientin zu mir kam. Sie lernte HUNA mit Begeisterung, und schon nach kurzer Zeit war es ihr möglich, aus dem Rollstuhl aufzustehen und ohne Hilfe zu gehen. Als sie mir dies voller Freude zeigte, kam ihr die Idee, was denn werden würde, wenn sie keinen Rollstuhl mehr brauche. Sie habe wegen ihrer Krankheit ja keinen Beruf gelernt und dann würde sie ja keine Rente mehr bekommen. Schon beim nächsten Besuch war sie nicht mehr in der Lage, auch nur einen einzigen Schritt zu machen, und sie ist heute noch gelähmt. Sie hat es abgelehnt, gesund zu werden, weil ihr die Aufgabe, für sich selbst zu sorgen, zu gross erschien, und da sie danach nicht wiedergekommen ist, habe ich sie auch nicht vom Gegenteil überzeugen können.

Wir sehen daran, dass auch das MITTLERE SELBST durch Schuldgefühle oder Angst gehindert werden kann, das Notwendige zu tun. Doch auch wenn wir eine Bitte aufgegeben haben, weil wir vielleicht die Erfüllung gar nicht mehr wünschen, dürfen wir die Gedankenform nicht einfach sich selbst überlassen, weil sie sich zu einem späteren Zeitpunkt aktivieren könnte und dann zu wirken beginnt. Wenn also eine Bitte überholt ist, die wir bereits gestellt haben, dann sollten wir auch die Nichterfüllung verursachen, indem wir das Bild des nun erwünschten Endzustandes als Gedankenform, mit MANA versehen, zum HOHEN SELBST hochgeben. Sagen Sie auch dem NIEDEREN SELBST, dass die Erfüllung nicht länger erwünscht ist und die bisherige Bitte als einfache Erinnerung dem Gedankenspeicher angegliedert werden soll. Entziehen Sie ihr gedanklich alle Energie und stellen Sie sie sich als erledigt vor.

Auch hierbei sollte das MITTLERE SELBST voller Vertrauen und Zuversicht an das erwünschte Ergebnis glauben, dann wird auch das NIEDERE SELBST überzeugt sein und seinen Teil beitragen.

Glaubt das MITTLERE SELBST zuversichtlich an das gute Ergebnis, dann ist auch das NIEDERE SELBST voller Vertrauen und wird alles tun, um das Beste zu erreichen. Ist aber das MITTLERE SELBST von Zweifeln beherrscht, dann zweifelt auch das NIEDERE SELBST, und es verliert den Mut, überhaupt einen Versuch zu machen. Eine gute Zusammenarbeit zwischen dem MITTLEREN und dem NIEDEREN SELBST ist daher die Grundvoraussetzung für eine erfolgreiche Zusammenarbeit mit dem HOHEN SELBST.

AUMAKUA - DAS HOHE SELBST

So wie jeder Mensch ein NIEDERES SELBST hat (Unihipili), so hat auch jeder ein HOHES SELBST (Aumakua). Das heisst, wir haben natürlich nicht ein HOHES SELBST, sondern es ist uns in selbstloser Liebe zugetan und hilft uns für die Dauer unseres Lebens, mit den Schwierigkeiten fertigzuwerden. Es kann uns jedoch nur helfen, wenn wir es ausdrücklich darum bitten, da es die freie Willensentscheidung eines jeden Wesens absolut respektiert.

Die Kahunas bezeichnen das HOHE SELBST als «älteren, absolut vertrauenswürdigen elterlichen Geist». Das HOHE SELBST steht auf einer sehr viel höheren Entwicklungsstufe als das MITTLERE und das NIEDERE SELBST, und es durchdringt nicht, wie diese, den physischen Körper, sondern es ist nur mit einer Schnur aus AKA-Substanz mit dem NIEDEREN SELBST verbunden. Wollen wir uns an das HOHE SELBST wenden, so müssen wir unsere Bitte in Form einer bildhaften Vorstellung (Gedankenform), aufgeladen mit MANA, über die AKA-Schnur zum HOHEN SELBST fliessen lassen. Das HOHE SELBST ist jederzeit bereit, uns zu helfen, wenn wir drei Voraussetzungen erfüllen:

1. Wenn wir es ausdrücklich um Hilfe bitten
2. Wenn wir ihm ausreichend MANA zur Verfügung stellen
3. Wenn die Erfüllung unserer Bitte niemandem Schaden zufügt.

Das HOHE SELBST kann auch die Zukunft verändern. Sobald wir es um Führung und Schutz bitten und ihm selbst die Entscheidung über die Art und Weise überlassen, kann es negative Gedankenformen entfernen, die eine negative Zukunft zur Folge hätten. Es kann für die Gestaltung unserer Zukunft jedoch nur unsere eigenen Gedankenformen verwenden, so dass wir ihm das Baumaterial für eine positive Zukunft in Form von positiven Gedankenformen liefern müssen.

Das HOHE SELBST verfügt über sehr viel mehr Wissen und Macht als wir uns vorstellen können, und es ist jederzeit bereit, uns in dienender Liebe auch in den kleinsten Dingen unseres Lebens zu helfen, wenn wir es dazu einladen, denn es nimmt an unserem Leben grossen Anteil. Es lässt jedoch auch zu, dass das MITTLERE SELBST Fehler macht, ohne einzugreifen, weil es die freie Willensentscheidung des MITTLEREN SELBST respektiert, damit dieses aus seinen Fehlern lernt.

Das HOHE SELBST kann die Zukunft erkennen, soweit sie bereits verursacht ist, und es ist bereit, unerwünschte Zukunft zu ändern, sobald wir es darum bitten und ihm das benötigte MANA täglich zur Verfügung stellen. Wird ihm genügend Vitalkraft zur Verfügung gestellt, kann es auch Sofortheilungen bewirken. Seine Lebensregel ist die Liebe und der uneigennützige Dienst. Man kann daher das HOHE SELBST auch bitten, nicht mehr erforderliche unangenehme Lektionen aus der Zukunft zu entfernen, solange diese nicht zur Gegenwart geworden sind und sich als Ereignis manifestiert haben.

Bei allen Vorhaben sollten wir uns zuvor immer fragen, ob der erwünschte Endzustand unsere Anstrengung und die Bemühung des HOHEN SELBST wert ist. Es geht dabei aber nicht darum, ob wir das Ergebnis auch verdient haben, es genügt, dass wir es verursachen.

Alle Gebete, gleich an wen sie adressiert sind, gehen immer zunächst an das HOHE SELBST, weil unsere AKA-Schnur nur bis zu ihm reicht und uns mit höheren Wesenheiten nicht in Kontakt bringen kann. Es hat jedoch keine physischen Ohren und hört keine Töne. Es ist daher sinnlos, möglichst laut oder eindringlich zu sprechen oder gar überreden oder umstimmen zu wollen. Das ist gar nicht erforderlich, denn es schenkt uns seine Liebe ohnehin voll und ganz und hilft uns in jeder Situation, unseren Weg zu gehen. Je mehr Liebe wir hier für unsere Mitmenschen empfinden und auch praktisch zum Ausdruck bringen, desto näher sind wir ihm, dem HOHEN SELBST.

Wer diesen Weg der Liebe hier geht, braucht nicht erst bis an das Ende der Tage zu warten. Er wird seinen Lohn schon in diesem Leben mehr und mehr erfahren, zumal der schönste Lohn ja bereits in der Freude des Dienens liegt, die uns wie keine andere mit Glück erfüllt. Zudem wird unsere eigene Entwicklung durch nichts so beschleunigt.

Wenn man mit dem HOHEN SELBST in Verbindung tritt, spürt man meist eine plötzliche Freude, ein unbeschreibliches Glücksgefühl als Beweis dafür, dass der Kontakt erfolgt ist und als Zeichen der von dort überströmenden Liebe. Daran erkennt man auch, dass man wirklich mit dem HOHEN SELBST in Kontakt steht und nicht vielleicht mit dem Geist eines Verstorbenen, der sich mitunter auch als HOHES SELBST ausgeben kann, aber nicht in der Lage ist, wirklich umfassende Hilfe zu leisten, so gern er das vielleicht auch möchte. Dadurch sehen wir sehr schnell klar und können uns schlimmstenfalls vorübergehend täuschen.

Das HOHE SELBST kann uns auch Kenntnis von der wahren Realität der Dinge vermitteln. Mitunter können wir so in einer Form von besonderer Verbundenheit mit dem HOHEN SELBST «vollkommene Farben» sehen, oder den «vollkommenen Klang» wahrnehmen, ohne dass etwas zu erkennen ist, das diese Wahrnehmungen verursacht. Entweder das HOHE SELBST vermittelt uns diese Eindrücke über die Sinnesorgane des NIEDEREN SELBST oder durch Öffnen unseres «geistigen Auges», mit dem wir ebenfalls alle Sinneswahrnehmungen aufnehmen können. Wir erkennen daraus, dass unser Kontakt zum HOHEN SELBST nur über das NIEDERE SELBST möglich ist, und wir sollten uns daher um eine gute Zusammenarbeit mit ihm bemühen, damit wir diesen Kontakt irnmer leichter und häufiger herstellen können, bis es uns gelingt, ständig im Kontakt mit dem HOHEN SELBST zu bleiben.

Das HOHE SELBST tritt auch als Gewissen in Erscheinung und wird dann von den Kahunas AKUAHAIAMIO genannt, was «der leise sprechende Gott» bedeutet. Wann immer sich seine Stimme erhebt, auch wenn sie nur als klarer Gedanke nach dem Hochsenden der Bitte in Erscheinung tritt, sollten wir ihr folgen, sonst folgt nichts mehr.

Das HOHE SELBST verwendet eine Vitalkraft besonders hoher Spannung, mit der es auf unserer Ebene nicht arbeiten kann, da wir dieser hohen Spannung nicht gewachsen wären. Das Symbol für dieses MANA-LOA (langes MANA) ist das Licht.

Natürlich hat das HOHE SELBST seinen freien Willen, der so unverletzlich ist wie der freie Wille des MITTLEREN und des NIEDEREN SELBST. Es kann daher nicht mit Suggestionen beeinflusst werden. Da es über eine unermesslich höhere Weisheit und Erfahrung verfügt, sollte man unbedingt dem HOHEN SELBST die Entscheidung überlassen, welche Form von Hilfe es uns geben möchte. Mitunter kann die Nichterfüllung einer Bitte die bessere Hilfe sein, denn da es in die Zukunft sieht, kann es auch die Auswirkungen der Erfüllung einer Bitte erkennen und sieht, wenn diese uns später Kummer machen würde. Vor allem aber sollten wir ihm Zeit genug lassen und nur in Ausnahmefällen einen Termin für die Erfüllung einer Bitte setzen. Bis zur Erfüllung der Bitte sollten wir das Gebet täglich erneuern und ihm täglich eine weitere Ladung MANA zur Verfügung stellen, denn oft reicht eine einzelne Ladung nicht aus, um die Bitte zu erfüllen. Sind jedoch alle Voraussetzungen erfüllt, können wir mit der sicheren Erfüllung unserer Bitte rechnen.

Das HOHE SELBST nimmt voll und ganz am Leben des Menschen teil, dem es sich zugewandt hat und der sich ihm anvertraut. Keine Bitte ist ihm zu gering, aber das MITTLERE und das NIEDERE SELBST müssen auch ihren Teil zur Erfüllung beitragen. Es genügt nicht, um etwas zu bitten und selbst auf der eigenen Ebene nichts zur Erfüllung beizutragen.

Wenn Sie eine oder mehrere andere Personen in Ihr Gebet mit einschliessen und sich vorstellen, dass auch diese an dem Guten teilhaben, um das Sie bitten, dann können auch diese von ihren HOHEN SELBSTEN Hilfe und Unterstützung erwarten.

Alle HOHEN SELBSTE bilden nämlich eine grosse Gemeinschaft (Poe Aumakua), in der sie zu einem grossen Ganzen verbunden sind. Je mehr Menschen Sie in Ihre Bitten einschliessen, umso grössere Hilfe werden Sie erfahren, weil der Kreis der Ihnen wohlwollenden AUMAKUAS dadurch immer grösser wird. Wir machen so den ersten Schritt, unseren Egoismus zu bekämpfen und wirkliche Nachstenliebe zu praktizieren. Doch auch wenn Sie für andere Menschen bitten, vergessen Sie nie die Einschränkung: «Hilf bitte nur, wenn es für den anderen gut ist.» Ein weiteres Geheimnis ist es, dem HOHEN SELBST täglich MANA als Geschenk zur Erfüllung seiner Aufgaben zur Verfügung zu stellen und darum zu bitten, nur einen Teil davon zur Erfüllung der eigenen Bitte zu verwenden. Auch diese selbstlose Handlung wird die Ihnen zuteilwerdende Hilfe vervielfachen.

Vergessen Sie aber nicht, auch auf dieser Ebene Ihren Teil zur Hilfe für andere beizutragen, denn es genügt keineswegs, nur für die anderen zu bitten. Wir müssen stets auf allen Ebenen unseren Teil zur Erfüllung der Bitte beitragen, wenn wir alle Voraussetzungen erfüllen wollen, und nur so können wir den Erfolg sicher erwarten. Wenn wir nämlich anderen Menschen helfen, dann sind uns deren HOHE SELBSTE in Dankbarkeit verbunden, weil sie selbst oft von ihren Menschen abgelehnt oder aus Unkenntnis nicht anerkannt werden. Wir schaffen uns so einen mächtigen Freundeskreis. Wann immer wir Hilfe brauchen, genügt es, das uns Mögliche zur Erfüllung zu tun, und wir können sicher sein, dass der Rest in vollkommener Weise für uns getan wird, sobald wir darum bitten.

Kollektive Zusammenarbeit vervielfältigt die positive Kraft, und Gruppenprobleme lassen sich überhaupt nur auf diesem Wege lösen.

Das HOHE SELBST kann auch heilen, da dies ja ebenfalls eine Veränderung der Zukunft ist. Hierfür benötigt es jedoch eine besonders hohe Ladung von MANA, die notfalls täglich erneuert werden muss, bis die Heilung eingetreten ist. Wir können um Heilung und Gesundheit für uns oder für einen anderen Menschen bitten. Die Wirkung wird die gleiche sein, wenn die Voraussetzungen erfüllt sind. Auf diese Art können wir mit Hilfe des HOHEN SELBST geradezu Wunder wirken.

Das Segnen

Die Lebensumstände sind nur ein Spiegelbild unseres Bewusstseinszustandes. Sie haben nur die Eigenschaften, die wir ihnen durch unser Bewusstsein aufprägen. Wenn wir etwas im Leben bekämpfen, wird es zurückschlagen und uns bekämpfen. Jesus sagte: «Wehret dem Übel nicht».

Noch schöner aber ist es, alles zu segnen, denn wenn ich etwas schlage, wird es zurückschlagen, wenn ich aber etwas segne, wird es mich ebenfalls segnen, mir zum Segen werden. Was immer ich segne, hat keine Macht mehr, mich zu verletzen, und muss sich letztlich zu meinem Besten wenden.

So sollten wir jeden Menschen segnen, ganz gleich, wie er sich verhalten haben mag. Wir sollten jede Situation segnen oder unser letztes Geld. Der Segen des Segnens besteht darin, dass alles, was ich segne, mir zum Segen wird, werden muss.

So segnen wir unseren Körper; und macht uns ein Teil Schwierigkeiten, so segnen wir diesen Teil oder das Organ (niemals die Krankheit). Wir segnen unseren Beruf, unser Haus und ganz besonders unsere Familie. Wir segnen Freund und Feind, Stadt und Land, alles, was uns begegnet und unser Leben ausmacht. So wird uns alles zum Segen werden.

Das zweitschönste ist gesegnet zu werden
Das Schönste aber ist zu segnen

Sobald wir um Hilfe für einen anderen Menschen bitten, erreichen wir automatisch auch das HOHE SELBST des anderen, da alle HOHEN SELBSTE miteinander in unmittelbarer Verbindung stehen. Sie sind «viele in einem» oder «einer in vielen», denn Sie haben die Einheit bereits verwirklicht, ohne ihre Individualität zu verlieren. Doch wirkt jedes HOHE SELBST individuell. Wenn wir daher für einen oder mehrere andere Menschen beten, um etwas Gutes für sie zu erbitten, können auch wir von diesen Hilfe erwarten. Sie ist jedoch ein Geschenk, das wir nicht fordern können. Wünscht sich also jemand viele mächtige Freunde, dann ist diese grosse Gemeinschaft genau das Richtige für ihn, man kann sie jedoch nur durch Freundschaft und hilfreiche Liebe für andere erwerben.

Dazu genügt es, unserem Nächsten zu helfen. Unser Nächster ist immer der, der in diesem Augenblick in mein Bewusstsein tritt und Hilfe braucht und für den ich jetzt etwas tun kann. So erfülle ich den Augenblick, indem ich ihm die benötigte Hilfe gebe, und ich lasse ihn wieder los, ohne Dank zu erwarten, um bereit zu sein für die nächste Aufgabe, die mir das Leben stellt.

Ich brauche die Hilfe der grossen Gemeinschaft besonders dann, wenn ich helfen will, Familien-, Gruppen- oder Völkerprobleme zu lösen. Bei der Lösung von Gemeinschaftsproblemen aller Art ist ihre Hilfe unerlässlich, und ich sichere sie mir, indem ich dem einzelnen nach Kräften behilflich bin. Für alles aber muss ich stets MANA senden, denn das HOHE SELBST benötigt diese Kraftform, um auf die Materie einwirken zu können. Diese Idee wird von den Naturvölkern befolgt, indem sie den Geistern und Göttern Nahrung hinstellen oder ein Opfer bringen. Es ist wohl falsch verstandene Intuition, die im Grunde das Richtige will.

Das HOHE SELBST nimmt nur die geringe Menge Vitalkraft, die zur Erfüllung der Bitte erforderlich ist, und lässt diese geformt im «Regen des Segens» zurückfliessen.

Ich bin da

Bedarfst du Meiner? Ich bin da.
Du kannst Mich nicht sehen, doch Ich bin das Licht,
das dich sehen macht.
Du kannst Mich nicht hören, doch Ich spreche durch
deine Stimme.
Du kannst Mich nicht fühlen, doch Ich bin die Kraft
deiner Hände.
Ich wirke, obwohl du Meine Wege nicht verstehst.

Ich wirke, obwohl du Meine Werke nicht erkennst.
Ich bin keine übernatürliche Erscheinung. Ich bin kein Mysterium.
Nur in vollkommener innerer Stille, jenseits alles Persönlichen, kannst du wissen, wie Ich bin, und nur als Empfindung und als Glaube.
Doch Ich bin da. Doch Ich höre. Doch Ich antworte.
Wenn du Meiner bedarfst, bin Ich da.
Selbst wenn du Mich leugnest, bin Ich da.
Selbst wenn du dich ganz verlassen fühlst, bin Ich da.
Selbst in deinen Ängsten bin Ich da.
Selbst in deiner Qual bin Ich da.
Ich bin da, wenn du betest und wenn du nicht betest. Ich bin in dir, und du bist in Mir. Nur in deinem Bewusstsein kannst du dich von Mir getrennt fühlen, denn nur in deinem Bewusstsein gibt es den Schleier von «dein» und «mein».
Doch nur in deinem Bewusstsein kannst du Mich kennen und erleben. Entlasse die törichte Furcht aus deinem Herzen.
Wenn du dir nicht mehr selbst im Wege stehst,bin Ich da.
Du allein kannst nichts tun, Ich aber kann alles tun. Und Ich bin in allem. Obwohl du das Gute nicht sehen magst, ist das Gute da, denn Ich bin da. Ich bin da, weil Ich sein muss, weil Ich bin.
Nur in Mir hat die Welt einen Sinn; nur aus mir gewinnt die Welt Gestalt; nur durch Mich schreitet die Welt fort.
Ich bin das Gesetz, auf dem die Bewegung der Gestirne und das Wachstum aller lebenden Zellen beruht. Ich bin die Liebe, die des Gesetzes

Erfüllung ist. Ich bin Sicherheit. Ich bin Friede. Ich bin Einheit. Ich bin das Gesetz, nach dem du leben kannst. Ich bin die Liebe, an die du dich klammern kannst. Ich bin deine Sicherheit. Ich bin dein Friede. Ich bin eins mit dir. Ich bin. Selbst wenn du versagst, Mich zu finden, Ich versage Mich dir nicht. Auch wenn dein Glaube an Mich unsicher ist, Mein Glaube an dich wankt nie, weil Ich dich kenne, weil Ich dich liebe.
Ich liebe dich. Ich bin da.

James Dillet Freeman

MANA - DIE VITALENERGIE DES NIEDEREN SELBST

MANA ist zwar nicht das Leben, aber es ist die Energie, die wir brauchen, um das Leben überhaupt zu erhalten. Für die KAHUNAS bedeutete Leben = Bewusstsein und MANA und AKA-Substanz. Vereinfacht kann man sagen: «Viel MANA = Vitalität und Aktivität, wenig MANA = Schlaffheit und Kraftlosigkeit.»

Nach dem Wörterbuch der hawaiischen Sprache hat MANA verschiedene Bedeutungen. Es bedeutet «übernatürliche Kraft, Charakterenergie oder Majestät». Als Adjektiv gebraucht, bedeutet es «machtvoll, stark».

Mana ist eine lebendige und intelligente Kraft. Sie kann in einem Amulett oder in einem Gegenstand gespeichert werden. Man kann sie sogar in Form einer «Energiekugel» an einem beliebigen Ort deponieren und bei Bedarf darüber verfügen. So kann man sie einfach durch seinen Willen von dort an einen anderen Ort lenken, wo sie benötigt wird, eventuell zur Heilung. Da diese Kraft neutral ist, kann man ihr auch eine negative Ladung geben, so dass sie an dem Ort, zu dem man sie durch seinen Willen gelenkt hat, nicht heilt oder hilft, sondern stört oder zerstört.

Man unterscheidet drei Arten von MANA:

1. MANA — Die Vitalenergie des NIEDEREN SELBST
2. MANA-MANA — Die Willensenergie des MITTLEREN SELBST

3. MANA-LOA — Die Lichtenergie des HOHEN SELBST, die auf dieser Ebene nicht benutzt werden kann

Vergleicht man die Energie des NIEDEREN SELBST mit einer Keule, so entspricht die Energie des MITTLEREN SELBST in etwa einer Gewehrkugel, die Energie des HOHEN SELBST aber einem Blitz.

MANA wird vom NIEDEREN SELBST aus Nahrung und Sauerstoff erzeugt und kann beliebig im Schattenkörper (Ätherkörper) gespeichert werden. Es kann über die AKA-Fäden, durch die wir mit allem verbunden sind, mit dem wir jemals Kontakt gehabt haben, von Person zu Person fliessen (Telepathie), oder es kann in Form von Magnetismus in Gegenständen aus Holz oder anderen Substanzen gespeichert werden (Amulett). Eine Überdosis MANA kann bei der Entladung eine lähmende Wirkung haben.

Für den MANA-Haushalt ist das NIEDERE SELBST verantwortlich. Es sollte jederzeit soviel MANA produzieren, dass auch das MITTLERE und das HOHE SELBST genügend davon erhalten können.

Wenn wir MANA in unserem Schattenkörper anhäufen, dann meist in der Absicht, es dem HOHEN SELBST zur Erfüllung einer Bitte zur Verfügung zu stellen. Das HOHE SELBST kann mit seinem MANA-LOA nicht auf unserer Ebene arbeiten, weil es eine viel zu hohe Spannung hat. Es benötigt daher unser MANA, um das Gewünschte verwirklichen zu können. In der HUNA-Meditation lassen wir MANA an der AKA-Schnur entlang zum HOHEN SELBST fliessen, während wir gleichzeitig die Gedankenformen unserer Absicht mitschicken. Da dies anfangs etwas schwierg erscheint, empfiehlt es sich, zunächst einmal nur MANA hochzuschicken, ohne damit eine Bitte zu verbinden.

Die Kahunas empfehlen jedem, der eine Gedankenform verwirklichen will:

Kraftbetontes Atmen
(Mana-Hochladung des NIEDEREN SELBST)

Kraftbetontes Denken
(Hochladung des MITTLEREN SELBST durch Willensenergie)

Uneingeschränkten Glauben
(Konzentriertes Lenken der Energien auf den erwünschten Endzustand und damit in die geschaffene Gedankenform)

Der Wille allein bewirkt noch wenig. Er ist mit einem Mann zu vergleichen, der versucht, mit seinen Fingern einen Nagel aus der Wand zu ziehen. Sobald er aber das geeignete Werkzeug, eine Mana-Hochladung, zur Hand nimmt, hat er die Zange, mit der sich der Nagel leicht herausziehen, bzw. das Problem leicht und zuverlässig lösen lässt.

Die Vitalkraft kann auch grössere Entfernungen ungeschwächt überbrücken, weil sie in den AKA-Fäden, über die wir noch sprechen werden, perfekte widerstandslose Leiter hat.

Wenn das NIEDERE SELBST normal aktiv ist, so ist der Schattenkörper stark mit Vitalkraft aufgeladen. Diese Vitalkraft hat zwar nicht die gleiche Stärke wie die Willensenergie des MITTLEREN SELBST, doch neigt das NIEDERE SELBST dazu, Gedankenformen des MITTLEREN SELBST abzulehnen, solange es selbst zu «gespannt» ist. Um den Erfolg zu sichern, müssen wir daher zuvor das NIEDERE SELBST «entspannen». In der Entspannung nimmt es die Gedankenformen nicht nur willig an, es scheint ihm sogar Freude zu machen, wieder aktiv werden zu dürfen.

Bei den früheren hypnotischen Heilungen wurde ein grosses Quantum an Vitalkraft angewandt, aber nur wenig Suggestion, und die Wirkung war entsprechend tiefgreifend. Heute wird von Hypnotiseuren sehr viel Suggestion, also «Lenkungsenergie» angewandt, aber wenig Vitalkraft, also «Wirkungsenergie», so dass die Wirkungen auch entsprechend gering sind. Das ist es, was einen erfolgreichen von einem erfolglosen Hypnotiseur unterscheidet.

Bei der Hypnose lässt der Entladungsstoss der hochgespannten, willensgetragenen Vitalkrafthochladung den künstlichen Schlaf entstehen. So mancher HUNA-Neuling wird die gleiche Erfahrung machen, wenn er eine MANA-Hochladung zum HOHEN SELBST schickt und danach einschläft. Es ist daher zu empfehlen, nach dem Hochsenden eine neue Ladung anzuhäufen. Dadurch wird die Schläfrigkeit, die durch die Senkung der Manaladung verursacht wurde, aufgelöst. Sie kann gar nicht erst auftauchen, wenn man sich immer weiter auflädt und nur den Überschuss hochschickt. So bleibt man ständig in einer Hochladung und geistig voll aktiv. So hat auch das MITTLERE SELBST stets genug Mana, um seinen Willen mit Energie aufzuladen und durchzusetzen. Sinkt der Mana-Spiegel so tief, dass das MITTLERE SELBST nicht mehr leicht Zugang hat, lässt es die Zügel los und unsere Gedanken werden ziellos.

Wenn wir uns selbst gesundheitlich behandeln, ist die stündliche Hochladung von grösster Bedeutung, eigentlich unverzichtbar. Natürlich können wir auch bei dieser Aufgabe die Hilfe des HOHEN SELBST erbitten und ihm die Hochladung übergeben, mit der Bitte um Kraft, Gesundheit und Frische.

Wieviel eine solche Hochladung zu Ihrer Frische beitragen kann, ersehen Sie aus einem kleinen Experiment, das Sie jederzeit mit immer gleichem Ergebnis machen können. Schauen Sie ein farbiges Bild nach einer Hochladung an. Sie werden überrascht sein, wieviel klarer und frischer die Farben erscheinen und wieviel deutlicher Sie auch Einzelheiten wahrnehmen.

Haben zwei oder mehr Menschen den gleichen erwünschten Endzustand, so können sie ihre Hochladungen auf die gleiche Gedankenform konzentrieren und gemeinsam dem HOHEN SELBST zuleiten. Umso besser und schneller werden die Ergebnisse sein. Umgekehrt kann man durch ständige «Spannungen» sein MANA aufbrauchen und in zunehmendem Masse darunter leiden. Der Totalverlust an MANA hat den Tod zur Folge.

Verschiedene Positionen für die Aufladung

Es gibt verschiedene Positionen, die die Aufladung begünstigen. Bei der BRUNLER-Methode stehen Sie mit dem Gesicht nach

Norden. Die Arme sind voll ausgestreckt über dem Kopf, die Finger weit gespreizt wie ein Rechen, die Handflächen nach vorn.

Nun holen Sie mit einer kreisförmigen, schwungvollen Bewegung die Arme ausgestreckt nach unten. Dabei beugen Sie den Oberkörper weit nach vorn, so dass die Hände den Kreisbogen weit nach hinten fortsetzen können. Die Bewegung endet erst, wenn Sie die Arme ausgestreckt soweit wie möglich nach hinten gebracht haben. Wiederholen Sie diese Übung fünfzig- bis sechzigmal mit der lebhaften Vorstellung, damit Lebenskraft aus dem Universum anzuziehen, und mit dem Befehl an das NIEDERE SELBST, diese Lebenskraft in Ihrem Körper zu speichern.
Bei der FERSON-Methode stehen Sie mit gespreizten Beinen, die Arme in Schulterhöhe ausgestreckt, Gesicht und Handflächen leicht nach oben zeigend. In dieser Postition beginnen Sie tief zu atmen, ebenfalls mit der Vorstellung, auf diese Weise Lebenskraft anzuziehen, und mit dem Befehl an Ihr NIEDERES SELBST, diese Lebenskraft zu speichern. In zwei bis drei Minuten haben Sie so eine Hochladung MANA angehäuft.

Bei meiner Lieblingsmethode sitze ich mit gerader Wirbelsäule und atme dabei immer tiefer und tiefer. Dabei stelle ich mir bildhaft vor, wie sich MANA in meinem Körper anhäuft. Ich spüre dies, als ob eine kühle Flüssigkeit bei den Füssen beginnend immer höher in mir aufsteigt, nach zwei bis drei Minuten meinen ganzen Körper erfüllt und dann beim Scheitel überfliesst. Nun gebe ich dem NIEDEREN SELBST den Auftrag, das angehäufte MANA über die AKA Schnur zum HOHEN SELBST fliessen zu lassen. Dann bitte ich das HOHE SELBST, einen Teil des MANA als Geschenk für einen beliebigen Zweck und den anderen Teil zur Erfüllung meiner

Bitte anzunehmen. Währenddessen fahre ich mit der tiefen Atmung fort, wobei ich mir vorstelle, dass ich beim Einatmen Energie anziehe und beim Ausatmen diese Energie gleich zum HOHEN SELBST fliessen lasse. Wenn das Fliessen aufgehört hat (man spürt das ganz deutlich), mache ich noch einige tiefe Atemzüge und bitte das NIEDERE SELBST dabei, meinen Körper mit Energie für den laufenden Bedarf aufzuladen. Ich bedanke mich beim HOHEN SELBST, dass es meine Energie angenommen und meinen Wunsch erfüllt hat, und sage ihm, dass ich nun die Meditation beenden werde. Nun bitte ich das NIEDERE SELBST, die Energiezufuhr zu beenden und die Leitung zu schliessen. Ich bedanke mich auch bei ihm für die Mitarbeit und die Energieproduktion. Damit beende ich die Meditation.

Welchen Weg und welche Position wir wählen, es müssen immer zwei Schritte beachtet werden:

1. Schritt

Das MITTLERE SELBST übernimmt die Atemführung, die normalerweise dem NIEDEREN SELBST obliegt. Wir fesseln die Aufmerksamkeit des NIEDEREN SELBST, indem wir beginnen, kräftig zu atmen. Dabei erwarten wir sicher, dass unser Vitalkraftspiegel weit über das Normalmass hinaussteigt. Diese Erwartungshaltung veranlasst wiederum das NIEDERE SELBST, den Stoffwechsel im Körper zu beschleunigen, um mehr Vitalenergie zu produzieren. Diese zusätzliche Energie wird im Schattenkörper (Ätherkörper) gespeichert und steht sofort zur Verfügung, sobald wir mit unserem Willen Lenkungsenergie daraufgeben.

Ich bestärke mich in meiner Erwartungshaltung, indem ich mehrfach wiederhole: «Vitalkraft oder MANA fliesst jetzt in mich hinein. Ich spüre, wie die Kraft JETZT in mich einströmt». Dies wiederholen Sie solange, bis Sie ein «Kribbeln» im Nacken oder in den Handflächen, ein kühles «Fliessen» in der Wirbelsäule oder ein anderes Zeichen der Kraft spüren.
Ich kann den Fluss der Energie beschleunigen, wenn ich folgende Energie-Übung mache:

Ich atme zunächst aus. Beim Einatmen hebe ich beide Arme gerade über den Kopf in die Höhe und ziehe sie beim Ausatmen mit geballten Fäusten kraftvoll, aber langsam herunter vor die Brust, beim Einatmen wieder die Arme nach oben strecken und beim Ausatmen mit angespannten Muskeln kraftvoll und mit geballten Fäusten vor die Brust führen.

Manchen ist die folgende Variante angenehmer:
Ich halte die Arme angewinkelt mit lockeren Fäusten vor der Brust und atme ein. Dabei weitet sich mein Brustkorb, und Fäuste und Ellenbogen gehen in die Breite. Beim Ausatmen führe ich sie kraftvoll und mit angespannten Muskeln vor der Brust zusammen, wobei auch die Fäuste wieder fest geballt werden. Dabei entsteht eine ungeheure Energie, die dann im zweiten Schritt hochgegeben werden kann.

2. Schritt
Nun lenken wir die angesammelte Energie auf den erwünschten Endzustand und konzentrieren sie durch unsere Vorstellung in der vorbereiteten Gedankenform. Während wir weiteratmen, beginnen wir mit dem kraftbetonten Denken. Das kann pulsierend

erfolgen, das heisst, ich denke einige Sekunden an den erwünschten Endzustand und sehe ihn dabei möglichst bildhaft, plastisch vor mir. Dann lasse ich den Gedanken los, bevor er mir selbst entschlüpfen kann, um ihn aber sofort wieder für einige Sekunden aufzugreifen und festzuhalten. Das wiederhole ich einige Minuten, bis die innere Gewissheit mir sagt, dass die Arbeit getan ist. Der Schöpfungsakt ist beendet. Dabei fühle ich mich wert, Erfüllung in Empfang zu nehmen, und sehe und erlebe mich bereits dankbar in dem erwünschten Endzustand.

Wenn ich sämtliche Energie hochgegeben habe, kann es passieren, dass ich mich danach «leer» fühle. Diesen Zustand kann ich beenden, indem ich eine weitere Hochladung produziere, diese aber nicht hochgebe.

Eine andere Soforthilfe zur Wiederaufladung ist die LAOTSE-ATMUNG. Hierbei wird zunächst ganz ausgeatmet, dann ruhig und tief eingeatmet und der Atem beim Ausatmen in kleinen Schüben abgegeben, wie Kinder es tun, die Lokomotive spielen. Mit etwas Training gelingt es, etwa dreißig «Schübe» zu produzieren, mit einmaligem Ausatmen, denn die Übung dauert nur einen einzigen Atemzug. Sobald man das mehrfach hintereinander macht, erreicht man das Gegenteil, daher nicht vor ein bis zwei Stunden wiederholen. So aber ist man nach dem einen Atemzug wieder frisch und klar.

Diese Energie war zu allen Zeiten bekannt, nur hatte sie verschiedene Namen:

1. TELESMA des Hermes Trismegistos

2. PRANA der Hindus
3. MANNA der Kinder Israels in der Wüste
4. KA der Ägypter
5. PNEUMA der Gallier
6. ECKANKAR in der Palisprache
7. BARAKA bei den Sufis
8. NUMIA des Paracelsus
9. HEILKRAFT DER NATUR bei Hippokrates
10. ANIMALISCHER MAGNETISMUS bei Anton Mesmer
11. LEBENSFLÜSSIGKEIT der Alchemisten
12. ODISCHE KRAFT des Baron Reichenbach
13. ORGONE des Dr. Wilhelm Reich
14. BIO-KOSMETISCHE ENERGIE des Dr. Oscar Brunler
15. NERVENÄTHER bei Richardson
16. ELAN VITAL bei den Franzosen
17. ASTRALLICHT bei den Kabbalisten
18. UNIVERSELLE LEBENSKRAFT bei Baron Eugen Ferson
19. X-KRAFT bei LE. Eeman

DIE FEUERZEREMONIE

Bei vielen Naturvölkern spielt die Feuerzeremonie oder das Tieropfer beim Verkehr mit den Göttern eine grosse, oft beherrschende Rolle. Wann immer man die Götter gnädig stimmen oder den eigenen Plänen geneigt machen wollte, entzündete man ein Feuer oder brachte ein Tieropfer dar. Diese verblüffende Übereinstimmung in den verschiedensten Kulturen musste doch einen gemeinsamen Hintergrund haben. Es ist nicht anzunehmen, dass die Menschen glaubten, ihr Gott oder ihre Götter würden sich über ein Feuer freuen oder wären besonders glücklich, wenn man eines ihrer Geschöpfe umbringt.

Konnte es nicht sein, dass die Weisen dieser Völker, die mit dieser Zeremonie begannen, wussten, dass damit Energie freigesetzt wurde, die auf ein bestimmtes Ziel gelenkt werden konnte? Dass sie ganz bewusst eine Gedankenform des Gewünschten schufen und mit dieser Energie zusammen den Göttern darbrachten?

Wenn wir ein Feuer machen, dann geschieht etwas Geheimnisvolles. Materie wird verbrannt, und es entsteht Energie, Substanz einer höheren Schwingungsebene. Die Materie wird durch das Verbrennen transformiert, in eine höhere Ordnung gebracht. Und sie wird der Form entbunden und damit wieder neutral, frei für eine neue Form. Da brennbares Material unbegrenzt zur Verfügung stand, konnte man also beliebig Energie von der Form befreien, um damit eine andere erwünschte Form zu verwirklichen. Das gilt natürlich auch noch heute. Ähnlich sieht es beim Tieropfer aus. Wenn wir einmal davon absehen, dass der Verlust des Tieres ein echtes Opfer war, denn die Tiere waren ja ein wichtiger Bestandteil des Besitzes, dann wurde beim Opfer des Tieres dessen Lebenskraft wieder frei, sein MANA. Je grösser das Tier, desto grösser das Opfer, aber auch die Menge der freigesetzten Lebenskraft. Verständlich, dass man bei einem grösseren Wunsch auch ein grösseres Tier opfern musste.

Es erscheint mir wahrscheinlich, dass die Weisen der Völker dies wussten, dass im Laufe der Zeit aber der geistige Gehalt, der Inhalt dieser Zeremonie, vergessen wurde und nur die äussere Form erhalten blieb. Da so aber die Energie nicht mehr mit einer Gedankenform des erwünschten Endzustandes verbunden wurde, konnte auch keine Erfüllung erfolgen.

Nun möchte ich Sie nicht veranlassen, ein Tier zu opfern, wenn Sie sich mit einer Bitte an das HOHE SELBST wenden, aber Sie könnten die Möglichkeit nutzen, die zur Verfügung gestellte Energie beliebig zu erhöhen, indem Sie Ihre eigene Energie mit der des Feuers verbinden.

Damit die Energie rein bleibt, sollten Sie ein silbernes Gefäss benutzen. Es genügt ein kleiner Silberbecher auf einem Tablett, das nicht unbedingt aus Silber sein muss. Bringen Sie zunächst Ihren Wunsch in Form. Machen Sie eine Zeichnung des erwünschten Endzustandes, wobei es nicht auf die Schönheit der Ausführung ankommt, sondern nur darauf, dass Sie genau wissen, was die Zeichnung darstellen soll. Erinnern Sie sich an die Höhlenzeichnungen, die unsere Vorfahren an die Wände ihrer Höhle malten, bevor sie ein Feuer entzündeten und den Jagdzauber sprachen. Da immer wieder der gleiche Wunsch verwirklicht werden sollte, nämlich Jagdglück zu haben, wovon das Überleben der Gruppe abhing, fertigte der begabteste die Zeichnung an, und sie blieb für den nächsten Gebrauch gleich an der Wand.

Wir aber sollten jedesmal eine neue Zeichnung anfertigen, da wir sie dem Feuer übergeben. Wir lösen die «Information» auf dem Papier auf und bringen sie durch das Verbrennen auf eine höhere Schwingungsebene. Für das Feuer verwenden wir am einfachsten Spiritus. Wir füllen den Becher mit 1 bis 2 cm Spiritus, geben unsere Zeichnung des erwünschten Endzustandes hinein und stecken den Spiritus an. Über dem Becher erscheint dann eine blaue Flamme, und es dauert je nach Füllung des Bechers fünf bis zehn Minuten, bis der Spiritus verbraucht ist. Erst ganz zum Schluss verbrennt auch unser Zettel mit der Zeichnung. Wir haben also beliebig Zeit, durch entsprechende Atemtechniken MANA zu produzieren, unser NIEDERES SELBST um Mitarbeit zu bitten, unsere Energie mit der des Feuers zu verbinden und beide dem HOHEN SELBST in Verbindung mit unserem Wunsch zu übergeben. Der Spiritus «verschwindet», und unser Papier verbrennt, und damit ist die Energie mit unserem Wunsch einer höheren Ebene übergeben. Wenn die Erfüllung unseres Wunsches mit dem HUNA-Gesetz übereinstimmt und niemand dadurch verletzt wird, können wir die Erfüllung sicher erwarten.

Bevor wir jedoch MANA zum HOHEN SELBST senden, sollten wir ein Gespräch mit unserem NIEDEREN SELBST führen und ihm erklären, was wir vorhaben. Bitten Sie das NIEDERE SELBST, den Schattenkörper mit einer hohen Ladung MANA zu füllen und diese dann über die AKA-Schnur zum HOHEN SELBST hochzuschicken. Wie das geht, weiss das NIEDERE

SELBST allein. Lassen Sie dem NIEDEREN SELBST aber anfangs etwas Zeit, die Arbeit auszuführen. Sie können die Anhäufung von MANA wesentlich unterstützen, wenn Sie beim Laden die Atmung übernehmen und sich zusätzlich eine anstrengende sportliche Tätigkeit vorstellen (laufen, rudern), oder diese Tätigkeit sogar in einigen Bewegungen durchführen. Sie spüren dann bald, wie sich der Schattenkörper mit MANA füllt. Manche spüren das als Wärme oder als Kribbeln. Andere spüren es wie eine kühle Flüssigkeit in sich hochsteigen, die dann beim Scheitel überfliesst.

An Stelle der vorgestellten sportlichen Tätigkeit können Sie natürlich auch eine andere Bewegung anwenden, wie zum Beispiel Tanz. Wichtig ist, dass es eine Tätigkeit ist, bei der wir automatisch tiefer atmen, weil dann mehr Sauerstoff zugeführt wird und damit auch mehr Blutzucker umgesetzt werden kann, wodurch wiederum mehr MANA entsteht.

Auch beim Tanz, ob nun tatsächlich ausgeführt oder vorgestellt, wird viel MANA produziert. Man sollte nur stets den gleichen Auslöser verwenden, weil dadurch ein bedingter Reflex entsteht.

Das HOHE SELBST nimmt nur soviel MANA, wie es zur Erfüllung der Bitte braucht. Man kann das Fliessen ganz deutlich spüren, ebenso wie man das Ende des Fliessens merkt. Es ist jedoch möglich, dass unsere AKA-Schnur blockiert ist und der Fluss des MANA zum HOHEN SELBST behindert oder gar unmöglich ist. In dem Fall müssen wir zunächst die Blockierung beseitigen (siehe bei «Kala» = geistige Reinigung).

Hat sich der MANA-Kreislauf erst einmal eingespielt, können wir unser NIEDERES SELBST bitten, während des Hochsendens gleich MANA nachzuladen. Aber auch dabei dürfen wir das tiefe Atmen nicht vergessen.

Haben Sie das MANA zum HOHEN SELBST fliessen lassen, dann beenden Sie die Meditation noch nicht gleich, sondern bleiben noch einige Minuten ruhig sitzen. In den meisten Fällen wird, deutlich spürbar, ein Teil des MANA, umgeformt als «Regen des Segens», zu Ihnen zurückfliessen. Erwarten Sie freudig diesen Rückfluss, den Sie ganz deutlich als Kribbeln im Nacken und an der Wirbelsäule spüren. Manchmal wird es Sie richtig schütteln, wenn viel MANA zurückfliesst.

Das HOHE SELBST kann umso schneller unsere Bitte erfüllen, je mehr MANA wir ihm dafür zur Verfügung stellen. Natürlich ist eine weitere wichtige Voraussetzung, dass wir uns vor der Meditation in Harmonie mit allen gebracht haben und unsere Bitte in eine klare Gedankenform kleiden. Schuldgefühle würden die AKA-Schnur blockieren.

Hat man einmal gelernt, sich mit MANA aufzuladen und dieses zum HOHEN SELBST fliessen zu lassen, so kann man mit Hilfe des HOHEN SELBST mitunter regelrechte Wunder wirken. Besonders wenn wir für einen anderen Menschen um Heilung bitten, wird diese stark beschleunigt oder gar sofort erfolgen.

Bedenken wir aber, dass jeder unserer Gedanken auf uns selbst wirkt, und machen wir uns daher frei von Gedanken der Angst, des Hasses, des Neides und der Missgunst, denn nach Ansicht der

Kahunas entnimmt das HOHE SELBST im Schlaf unsere Gedanken und formt daraus unsere Zukunft. Stellen wir ihm nur positives Gedankenmaterial (Gedankenformen) zur Verfügung, können wir fest mit einer positiven Zukunft rechnen.

Man kann nicht oft genug betonen, dass MANA eine lebendige Kraft ist, die unseren Gedankenbefehlen gehorcht. Diese Befehle werden vom MITTLEREN SELBST dem NIEDEREN SELBST gegeben. Wir können so zum Beispiel eine Hochladung von MANA in einer Hand anhäufen und diese Ladung dann durch einfachen Gedankenbefehl in einen anderen Teil des eigenen Körpers oder in den Körper eines anderen Menschen fliessen lassen (Heilen durch Handauflegen).

1. Experiment

Konzentrieren Sie einmal eine MANA-Hochladung in Ihrer Hand, besser in beiden Händen. Überladen Sie Ihre Hände richtig, bis sie förmlich in MANA eingehüllt sind.

Stellen Sie nun einen Freund, der dabei möglichst entspannt sein sollte, mit dem Rücken vor sich und legen Sie ihm Ihre Hände mit ausgestreckten Armen kurz auf die Schultern, um Kontakt zu nehmen, und halten Sie dann Ihre Hände im Abstand von etwa 5 cm hinter seinen Rücken.

Warten Sie so etwa eine Minute, damit der geistige Kontakt sich vertieft, und beginnen Sie dann, lhre Hände ganz leicht zurückzuziehen. Obwohl Sie selbst in Ihren Händen kein «Zuggefühl» spüren, wird Ihr Freund sich, wenn er entspannt ist, zurückgezogen fühlen. Das kann so stark werden, dass es ihm nicht möglich ist, diesem Zug zu widerstehen, und Sie müssen aufpassen, dass er nicht nach hinten fällt.

Das Experiment lässt sich auch über jede Entfernung wiederholen, wenn Sie sich mit jemandem verabreden. Es empfiehlt sich nicht, das Experiment durchzuführen, ohne den anderen zu verständigen, weil es zu einem Unfall kommen kann, ohne dass Sie einspringen könnten.

Fortgeschrittene können dem anderen über jede Entfernung so eine «hoch-geladene» Nachricht in die Hand drücken, mit der Bitte: «Ruf mich bitte sofort an», oder «hole bitte sofort einen bestimmten Gegenstand». Ist der andere entspannt und Ihre Ladung gross genug, wird er einen fast unwiderstehlichen Drang fühlen, das zu tun. Damit Sie aber nicht das HUNA-Gesetz verletzen, sollten Sie dieses nur tun, wenn der andere einverstanden ist, denn die Freiheit des einzelnen ist höchstes Gut.

Dieses Aufladen mit MANA können wir überall und jederzeit ausführen. Wenn wir erst genügend Übung haben, brauchen wir uns die sportliche Tätigkeit gar nicht mehr vorzustellen, sondern das NIEDERE SELBST wird auf tiefes, intensives Atmen stets mit einer Hochladung an MANA reagieren. Wir können uns so, wenn wir krank sind, stündlich mit MANA aufladen und die Gesundung enorm beschleunigen. Diese stündliche Aufladung mit MANA ist für die Gesundung von grösster Bedeutung.

Sie können sich auch aus dem Universum mit MANA aufladen. Sagen Sie sich in Gedanken, aber eindringlich: «Die Lebenskraft aus dem Universum fliesst jetzt in mich hinein. Ich spüre ganz deutlich, wie sich mein Körper mit Lebenskraft aus dem Universum füllt.» Wenn Sie das positive Ergebnis vertrauensvoll erwarten, werden Sie so in jedem Fall Erfolg haben. Mitunter können Sie sich auf diese Weise so stark aufladen, dass Arme und Hände steif zu sein oder Sie zu schweben scheinen. Dies ist der Weg, wie Mystiker die Schwerkraft überwunden haben und tatsächlich geschwebten sind.

2. Experiment

Kaufen Sie zwei gleiche Blumen im Topf und behandeln Sie beide Blumen auch vollkommen gleich. Eine davon aber giessen Sie ausschliesslich mit Wasser, das Sie mit MANA aufgeladen haben, die andere giessen Sie mit normalem Wasser. Schon nach einer Woche können Sie deutlich den Unterschied sehen. Nach drei bis vier Wochen wird sich die eine Blume, die Sie mit dem aufgeladenen Wasser giessen, ungewöhnlich entwickelt haben - die andere erscheint dagegen fast kümmerlich.

DER GLAUBE

Glaube ist das innere Erfülltsein von einer Vorstellung, die nicht nur möglich, wahrscheinlich oder wünschenswert erscheint, sondern deren Wirklichkeit unbeirrbar gewiss ist. Wahrer Glaube «versetzt Berge».

Glaube ist also nicht nur Bejahung, sondern Gewissheit der Wahrheit und Verwirklichung des gläubig Bejahten. Wer nur glaubt, was er sieht, der ist erst bereit, an die Wirkung des Säens zu glauben, wenn er die Ernte sieht. Auch wer nicht glaubt, glaubt, nur eben das Falsche, das Gegenteil. Wer Angst hat vor dem Alter, wer Einsamkeit fürchtet oder Schmerzen, der glaubt, aber es ist ein negativer Glaube, der Negatives schafft und herbeizieht.

Glaube ist ein inneres gewisses Wissen, das nicht auf äusseren Beweisen beruht. Es ist inneres Erkennen der Wahrheit und Wirklichkeit.

Heilender Glaube ist jener, der nicht mehr auf den äusseren Schein, sondern auf das innere Sein blickt und damit verursacht, dass es sich auch aussen manifestiert, sich als Umstand oder Heilung verwirklicht.

Wissen stellt Tatsachen fest, Glaube schafft Tatsachen durch dankbares Bejahen der inneren Wirklichkeit. Der Glaube ist daher der wichtigste Teil des wirksamen Gebetes. Glauben heisst, innerlich gewisss wissen, dass das Erwünschte, nachdem ich die Ursache gesetzt habe, bereits geschaffen ist.

Wenn wir wieder lernen wollen zu glauben, müssen wir zunächst einmal rigoros jeden negativen Gedanken meiden. Also alle Gedanken des Nichtgelingens, der Sorge oder Enttäuschung, aber genauso alle verurteilenden und selbstverurteilenden Gedanken. Ich muss mich wert fühlen, Erfüllung zu empfangen.

Dabei müssen wir ganz streng vorgehen. Jeder Gedanke, der seinem Wesen nach nicht aufbauend, hilfreich, stärkend ist, gleich ob er Sie selbst oder einen anderen betrifft, ist negativ und behindert oder verhindert Erfüllung.

Wenn wir bei der Bewertung eines Gedankens im Zweifel sein sollten, ist es besser, ihn ebenfalls loszulassen, denn jeder wirklich positive Gedanke ruft ein inneres Bejahen hervor, an dem wir ihn sicher erkennen können.

Wir dürfen also nicht nur bei negativen Gedanken nicht verweilen und zulassen, dass sie in unserem Gemüt Wurzeln schlagen, sondern sollten sie sofort mental umerleben, also in das positive Gegenteil verkehren, damit sie nicht nur keinen Schaden anrichten, sondern uns helfen, unserem Ziel einen Schritt näherzukommen.

Es ist also ganz gleich, welcher Gedanke zu Ihnen kommt, denn Sie entscheiden, bei welchem Gedanken Sie verweilen, worauf Sie Ihr Bewusstsein richten, dahin fliesst Ihre schöpferische Kraft und macht den Gedanken zur Ursache. Das gilt auch, wenn andere negative Gedanken an Sie herantragen, denn Sie entscheiden, wie Sie damit umgehen. Bei richtigem Umgang mit negativen Gedanken wird jeder sogar zu einem Auslöser, sich ganz bewusst dem Positiven zuzuwenden. Mit der richtigen Einstellung wird alles zur Hilfe.

Verhalten Sie sich wie jemand, der am offenen Kamin sitzt und dem ein Funke auf seine Jacke fällt. Wenn er ihn ohne zu zögern abklopft, wird er keinen Schaden anrichten. Zögert er aber auch nur einen Augenblick, ist schon der Schaden entstanden, und es bedarf einiger Mühe, den Schaden wieder zu beseitigen. Das gleiche gilt auch für den Umgang mit negativen Gedanken.

Wichtig ist, dass Sie sich von negativen Gedanken nicht «bewegen» lassen, wenn Sie sie einfach nur wahrnehmen, aber nicht aufgreifen. In der Bibel heisst es: «Prüfet alles und das Beste behaltet». Es schadet also nicht, wenn wir wirklich alles prüfen, behalten aber sollten wir wirklich nur das Beste.
Dazu ist nicht erforderlich, dass ich das Negative, das an mich herangetragen wird, lautstark zurückzuweise, es genügt, es nicht anzunehmen.

Mitunter mag es geschehen, dass gerade dadurch scheinbar eine ganze Reihe von Schwierigkeiten entstehen. Dass Nachbarn und Freunde verständnislos reagieren und sich unerwünschte Umstände geradezu häufen, als ob wir sie mit unserem strengeren Verhalten anzögen. Das ist ein sehr wichtiger Punkt, denn hieran scheitern viele, die eine sofortige Verbesserung ihrer Situation erwartet hatten und nun enttäuscht aufgeben.

Das kommt daher, dass wir in einem Übergangsstadium sind. Unser Bewusstsein ist erwacht, und wir bewegen weit grössere Kräfte als zuvor, aber jeder Fehler macht sich dadurch auch in weit stärkerem Masse bemerkbar, als dies vorher der Fall gewesen wäre. Jeder muss irgendwann einmal dieses Stadium durchmachen, und wenn auch scheinbar die Welt aus den Fugen gerät, sollte dies nur ein Ansporn sein, unbeirrt weiterzumachen. Eines Tages werden wir unsere Gedankendisziplin verfeinert haben und noch bewusster mit der Kraft umgehen, so dass solche Begleiterscheinungen von selbst verschwinden. Von da an geht es steil aufwärts, und unsere Entwicklung beschleunigt sich in einem Masse, das wir uns heute kaum vorstellen können. In diesem Übergangsstadium aber müssen wir die Festigkeit unseres Glaubens beweisen.

Eine wichtige Hilfe bei unserer Gedankendisziplin ist die Erkenntnis, dass niemand die Macht hat, uns wirklich zu stören. Niemand kann uns wirklich ärgern, beleidigen, verletzen, kränken oder zornig machen, es sei denn, wir lassen es zu. Nur wir können uns ärgern, und nur wir können es auch lassen. Nicht der andere hat ein falsches Verhalten, sondern unsere Reaktion darauf ist noch nicht optimal.

Jeder Mensch hat ohnehin das Recht so zu sein, wie er nun einmal ist, und keiner hat das Recht, den anderen dafür zu verurteilen. «Richtet nicht auf dass ihr nicht gerichtet werdet, denn mit dem Mass, mit dem ihr messt, wird euch gemessen werden». Unsere Aufgabe ist es daher, nicht nur nicht zu richten, sondern aufzurichten.

So wird der Glaube allmählich stärker. Gedanken des Zweifels lassen sich auflösen durch die Erkenntnis, das wir ständig Ursachen setzen und die entsprechenden Wirkungen als Schicksal auf uns zukommen. Wenn ich daher erwünschte Ursachen setze, müssen erwünschte Wirkungen auf mich zukommen. Das ist ein geistiges Gesetz, und darauf ist absoluter Verlass. «Wie ihr säet, so werdet ihr ernten».

Wunsch und Glaube sind es, die der Kraft das Tor öffnen, uns zum Kanal werden lassen, so dass die Kraft die Form unserer Gedanken erfüllen kann und ihn so verwirklicht.

Die Kraft ist neutral und fliesst in jeden Gedanken, den wir schaffen. Mit unseren Gedanken schaffen wir die Form, bestimmen wir, was verwirklicht werden soll, die Kraft lässt sichtbar werden, was von uns gedacht wurde.

Jesus sagte stets: «Dir geschehe nach deinem Glauben». Auch das ist ein geistiges Gesetz, und uns allen geschieht ständig nach unserem Glauben. Sorgen wir also dafür, dass wir das Richtige glauben.

Paracelsus erkannte schon im 16. Jahrhundert: «Die Vorstellung ist die Ursache vieler Krankheiten, der Glaube aber ist die Heilung aller Krankheit».

Doch der festeste Glaube bleibt wirkungslos, wenn wir die Erfüllung in die Zukunft verlegen, wenn man in der Gegenwart sein Bewusstsein auf den Mangel richtet. Erst wenn ich mich JETZT erfülle mit dem Gedanken der Verwirklichung, kann ich Erfüllung erfahren, ist der Weg für die Kraft frei.

Das ist der Sinn des Dankens, denn man dankt für etwas, was man erhalten hat, und damit verlegt man Erfüllung in das Jetzt. So betete auch Jesus am Grabe von Lazarus: «Vater, ich danke Dir, dass Du mich erhört hast.» (Johs 11,41) Er dankte, bevor sich die Erfüllung der Bitte manifestiert hatte, im sicheren Glauben, dass dies erfolgen müsse.

Der feste Glaube ist also die Voraussetzung für jede Erfüllung, und unsere Aufgabe muss es sein, unseren Glauben so zu festigen, dass wir Erfüllung sicher erwarten. Erkennen wir auch, dass es keine unheilbaren Krankheiten gibt, wohl aber unheilbare Menschen, die noch an ihrem Irrtum festhalten, an dem äusseren Schein und sich so selbst der Erfüllung verschliessen. Denn auch ihnen geschieht nach ihrem Glauben.

AKA– Schattenkörpersubstanz

Sobald wir etwas anfassen, ja sogar schon, wenn wir an etwas intensiv denken, entsteht ein Rapport. Mit Rapport bezeichnen wir die unsichtbare Verbindung zwischen zwei Menschen oder zwischen einem Menschen und einem Gegenstand. Die HUNA-Lehre sagt, dass dieser Rapport durch einen Faden aus Schattenkörperstoff hergestellt wird, den sogenannten AKA-Faden.

Die Kahunas glauben nämlich, dass das NIEDERE SELBST einen Schattenkörper besitzt, dessen Substanz es zu regenerieren vermag. Ihm entnimmt es jeweils die benötigte Menge Substanz, um mit einem dünnen, unsichtbaren Faden (AKA-Faden) mit allen Menschen und Gegenständen in Verbindung zu bleiben, mit denen einmal ein Kontakt bestanden hat. Aber auch jeder Gedanke bekommt einen winzig kleinen Körper aus diesem Stoff. Nach Ansicht der Kahunas sind Gedanken durchaus reale Dinge mit einem eigenen Körper aus Schattenkörperstoff. Gleichartige Gedanken verbinden sich zu Trauben, und aus den Trauben bilden sich miteinander verwandte Gedankengruppen. Diese Verbindungen entsprechen den Assoziationsbahnen der modernen Psychologie.

Das Wort «MANA-O» bedeutet «denken». Die Kahunas sahen also das Denken als einen Vorgang, der MANA in eine bestimmte Form bringt. Es ist erstaunlich, wie es ihnen möglich war, einen Vorgang, den die heutige Wissenschaft noch immer nicht geklärt und bewiesen hat, genau zu beschreiben und sogar in ihrer Sprache auszudrücken.

Der Schattenkörper oder KINO-AKA ist ein genaues Abbild des physischen Körpers. Mit den modernsten Mitteln der Wissenschaft ist es inzwischen möglich, diesen Schattenkörper als «Feld» zu messen.

Die Schattenkörpersubstanz hat die eigentümliche Fähigkeit, sich unbegrenzt auszudehnen, ohne zu reissen, und an allem festzuhaften, mit dem sie einmal in Berührung kam. Alles, was wir einmal berührt haben, bleibt durch unsichtbare Fäden mit uns verbunden. Diese winzigen Fäden sind solange bedeutungslos, solange sie nicht benutzt werden. Geschieht das, werden sie aktiviert, und bei wiederholtem Gebrauch durch immer neue Fäden verstärkt, bis uns schliesslich ein starkes Band aus Schattenkörperstoff mit dem jeweiligen Menschen oder Gegenstand verbindet. So entsteht eine starke Bindung zu allem, mit dem wir ständig in Kontakt stehen.

Die verbindenden AKA-Fäden scheinen vom Solar-Plexus des AKA-Körpers, also nicht des physischen Körpers, auszugehen. Von dort gehen sie dann in die verschiedensten Richtungen. Besonders stark gebündelt sind sie entlang der Wirbelsäule und bilden, aus dem Kopf austretend, die AKA-Schnur, die uns mit dem HOHEN SELBST verbindet.

Diese Schattenstoffschnüre bilden einen perfekten, widerstandslosen Leiter. Im Gegensatz zum elektrischen Strom, der mit länger werdender Leitung immer schwächer und schliesslich vom wachsenden Widerstand aufgezehrt wird, kann die Vitalkraft ungeschwächt grösste Entfernungen überbrücken.

Die Vitalkraft kann aber auch in einem Gegenstand statisch verharren, bis sie sich bei Berührung durch einen Menschen oder durch einen Gegenstand entlädt. Die Kahunas konnten sich mit Vitalkraft so aufladen, dass die Berührung eines anderen Menschen mit dem Finger genügte, um ihn umzuwerfen oder sogar zu töten.

Da jeder Gedanke als Erinnerungspotential nicht im physischen Gehirn, sondern im Schattenkörper des Menschen gespeichert wird, sind diese Erinnerungen widerstandsfähig genug, um den physischen Tod des Menschen zu überleben und dem unsterblichen Selbst nach dem Tod als Erinnerung zu dienen. Es bleibt also in der nachtodlichen Zeit eine lückenlose Übersicht über das durchlebte Leben verfügbar, die es ermöglicht, Bilanz zu ziehen und mit den entsprechenden Konsequenzen in eine weitere Inkarnation zu gehen.

Die sieben Körper des Menschen

1. Der physische Körper
Er ist der dichteste der sieben Körper des Menschen. Er dient dem Menschen als Werkzeug auf der Ebene der Materie. Er benötigt stoffliche Nahrung als Energieträger und Baumaterial. Die Qualität des Körpers entspricht der Qualität der Nahrung, die funktionelle Beschaffenheit der Qualität der Gedanken.

2. Der Ätherkörper
Er ist das genaue Doppel des physischen Körpers, jedoch aus feinstofflichem Material. Aufgabe des Ätherkörpers ist es, die Lebensenergie «Prana» aufzunehmen und dem physischen Körper zu vermitteln. Das wahre Selbst eines Menschen kann nur soviel seines Wissens und seiner Kräfte nutzen, wie es durch diese beiden Körper auszudrücken vermag.

3. Der Astralkörper
Dieser Körper ist der Träger der Begierden, Leidenschaften und Empfindungen des Menschen. Er durchdringt und umgibt die beiden anderen Körper, und sein überragender Teil ergibt die Aura. Er reagiert besonders auf die Qualität der Gedanken. Der Mensch muss zunächst sein physisches Bewusstsein erweitern, bevor er sein astrales Bewusstsein entwickeln kann. Mit Hilfe des Astralkörpers kann der Mensch sich frei und mit ungeheurer Geschwindigkeit bewegen, ist jedoch erst von einer gewissen spirituellen Reife an in der Lage, seine Erfahrungen dem physischen Gehirn einzuprägen.

4. Der Mentalkörper

Er ist das Werkzeug des Selbst für die Tätigkeit des Denkens und des vernünftigen Urteilens. Er ist der letzte Körper des Menschen, der noch aus Substanz besteht und daher sterblich ist. In ihm manifestiert sich das Selbst als Intellekt. Wir entwickeln den Mentalkörper schneller, wenn wir unser Denken mehr und mehr auf einen Punkt konzentrieren und uns im folgerichtigen Denken schulen. Er bedarf keiner Sinne mehr und nimmt alle Schwingungsqualitäten gleichzeitig in Farbe, Ton und Form wahr. Umgekehrt ist jeder Gedanke, der von ihm ausgeht, ein farbiges, musikalisches und mehrdimensionales Bild.

5. Der Kausalkörper

Er ist der Sitz des Gewissens und des kosmischen Bewusstseins. Er besteht während des gesamten Zyklus der Inkarnationen und wird erst aufgelöst, wenn keine Notwendigkeit mehr besteht, als Mensch wiedergeboren zu werden. Nur absolut selbstlose Gedanken und Taten sind geeignet, diesen Körper zu entwickeln. In diesem Körper werden Wünsche, Absichten und Verlangen zu Kräften, Talenten und Fähigkeiten für das nächste Leben verarbeitet.

6. Der Buddhikörper

Dieser Körper ist die erste Emanation des Geistes und der Kern unserer Seele. Er ist der Körper der Seligkeit, der Sitz der Allwissenheit und des Bewusstseins der Einheit.

7. Atma

Atma ist reines, individualisiertes Bewusstsein, der Gottesfunke in uns, die Ursache allen Seins.

Das Aussenden des AKA-Fingers

Erhalten wir einen Brief, so sind wir durch den am Brief angehefteten AKA-Faden mit dem Absender verbunden. Das Gleiche gilt, wenn wir jemandem einen Brief schreiben; selbst wenn wir an jemanden intensiv denken, entsteht eine Verbindung aus Schattenkörpersubstanz. Schickt man mit dem AKA-Finger einen kleinen Teil der auch im Schattenkörper vorhandenen Sinnesorgane mit, so können auf diesem Wege Informationen vom Empfänger eingeholt werden. Allerdings kann mit der gewünschen Information auch Negatives zurückkommen, wogegen wir uns gedanklich schützen müssen. Dies geschieht durch die einfache Vorstellung: «Nur Gutes kann mich erreichen».

Senden wir mit dem AKA-Finger zusammen Gedankenformen aus, nennen wir das Telepathie. Werden diese Gedankenformen mit einer hohen MANA-Ladung versehen, haben sie eine fast unbegrenzte Reichweite und dringen über das NIEDERE SELBST (Unterbewusstsein) auch in das MITTLERE SELBST (Bewusstsein) der betreffenden Person, selbst wenn diese beschäftigt ist.

Auf die gleiche Art können wir auch Heilungskräfte an einen weit entfernten Empfänger schicken (Geistheilung). Entscheidend für den Erfolg ist ausschliesslich die klare bildhafte Vorstellung des erwünschten Zustandes und die Stärke der MANA-Ladung, da diese ja einen Widerstand (Krankheit) überwinden muss.

Da wir durch Benützung des AKA-Fingers jedermann über jede Entfernung auch gegen seinen Willen beeinflussen können, müssen wir ständig sorgfältig prüfen, ob wir mit unserem Vorgehen nicht das Grundgesetz der Kahunas übertreten, das lautet: «Verletze niemanden». Wir müssen also sicher sein, dass wir den anderen weder betrüben noch schädigen, denn wir müssen dafür geradestehen.

Um das Aussenden des AKA-Fingers zu üben, können wir Schachtelexperimente machen. Hierzu beschaffen Sie sich eine Reihe von Schachteln oder Dosen, die äusserlich absolut gleich sein müssen. Für den Anfang genügen fünf, später können zehn oder noch mehr verwendet werden.

Füllen Sie jede Schachtel oder Dose mit einem kleinen Gegenstand, einer Büroklammer, einem Bleistiftspitzer, einem Knopf oder Schlüssel und legen sie alle nebeneinander vor sich auf den Tisch. Nun verschieben Sie die einzelnen Schachteln oder Dosen so oft, bis es unmöglich ist, sich zu erinnern, was in welcher Dose ist. Stellen Sie nun einen Kontakt zu Ihrem NIEDEREN SELBST her und bitten Sie es, einen AKA-Finger durch die einzelnen Schachteln zu stecken, um festzustellen, was sich darin befindet. Sagen Sie Ihrem NIEDEREN SELBST, dass Sie beim Einlegen des Gegenstandes in die Schachtel oder Dose automatisch einen AKA-Faden angeheftet haben, so dass das NIEDERE SELBST nur entlang diesem Faden bis zu dem Gegenstand in der Schachtel zu gehen braucht, um festzustellen, was es jeweils ist, und Ihnen die Information so leicht geben kann.

Anfangs mag diese Übung etwas enttäuschend ausfallen, aber nach einiger Übung kann erreicht werden, dass von fünf Versuchen fünf Treffer erzielt werden. Manche haben einen so guten

Kontakt zu ihrem NIEDEREN SELBST, und es ist so willig und freudig bei der Sache, dass der Versuch gleich beim ersten Mal klappt. Wenn nicht, so sollte man täglich zehn bis zwanzig Minuten üben, aber nur solange, wie es wirklich Spass macht, damit das NIEDERE SELBST mit dieser Übung nicht Gefühle der Unlust oder Langeweile verbindet. Auch sollten Sie die Übung beenden, wenn Sie beginnen müde zu werden. Die Erfahrung zeigt, dass jeder in der Lage ist, diese Fähigkeit zu erlernen.

Bei der ersten Kontaktaufnahme zu unserem HOHEN SELBST strecken wir auch einen AKA-Finger aus, indem wir uns auf diesen Kontakt konzentrieren und mit unserer Willenskraft den AKA-Faden zum HOHEN SELBST lenken. Diese Willenskraft ist jedoch nicht mit Anstrengung in irgendeiner Form zu verwechseln, sondern es ist vielmehr eine gelöste, liebevolle Hinwendung.

Durch häufige Wiederholung des Kontaktes legen wir einen AKA-Faden an den anderen, bis eine immer stärker werdende Schnur daraus geworden ist, die AKA-Schnur. Sie besteht aus vielen einzelnen AKA-Fäden und ist unsere ständige Verbindung zum HOHEN SELBST. Verständlich, dass der Kontakt von Mal zu Mal leichter wird. Nach jahrelangem Kontakt genügt ein Gedanke an das HOHE SELBST, um sofort wieder diese lebendige Verbindung bewusst zu spüren. Auf diesem Wege erheben wir auch unser Bewusstsein auf die Ebene des HOHEN SELBST, und das erweitert und erhöht allmählich unser Bewusstsein, so dass es selbst auf einer immer höheren Ebene bleibt.

Gedankenformen

Gedanken sind die Bausteine unserer Zukunft. Mit unseren Gedanken gestalten und bestimmen wir unsere Zukunft, ob wir das bewusst oder unbewusst tun. Wir sind noch nicht vollkommen, weil unsere Gedanken noch nicht vollkommen sind. Vielversprechende Menschen kommen oft nur deswegen nicht weiter, weil sie sich durch unkontrolliertes Denken selbst blockieren. Wir sollten daher unsere Gedanken besser beaufsichtigen und wenigstens jeden Abend unsere Gedanken in Ordnung bringen.

Gedanken sind Kräfte, die nach dem Gesetz der Zielstrebigkeit jeder Energie zur Verwirklichung drängen. Wir ziehen die Kräfte an, die unseren Gedanken entsprechen. Sobald Gedanken mit Gefühlen aufgeladen werden, sobald wir also auch mit dem Herzen dabei sind, werden unsere Gedanken übermächtig.

Manche Menschen laufen in irgendeiner Situation einfach davon, weil sie nicht wissen, dass sie dieser Situation immer wieder begegnen werden, bis sie bereit sind, sie aufzulösen. Unsere Umwelt und unsere Erziehung sind ein Teil des selbst verursachten Schicksals, das wir «notwendig» gemacht haben. Wir können uns nicht auf ungünstige Umstände berufen, denn es kommt immer darauf an, was wir daraus machen. Ob wir das Negative annehmen oder uns dadurch nur noch intensiver dem Positiven und Aufbauenden zuwenden. Nur für Kinder sind die Einflüsse durch die Eltern und die Umwelt bindend. Reagieren wir daher nicht wie Kinder und machen uns nicht mehr abhängig von der Gunst der Umstände, sondern schaffen uns die erwünschten günstigen Umstände.

Eine Gedankenform dürfen wir aber nicht nur oberflächlich erwägen, sondern müssen sie bis in alle Einzelheiten in unserem Geist bearbeiten und gestalten, bis wir den erwünschten Endzustand klar vor uns sehen und uns in der erwünschten Situation erleben. Wenn wir sie dazu noch in bildhafte Worte kleiden und wiederholt aussprechen, erreichen wir die grösste Wirkung.

Je klarer ich dabei die Gedankenform schaffe, desto leichter kann sich Energie zur Verwirklichung darin sammeln, und je länger ich das Bild auf meinem geistigen Bildschirm festhalte, desto mehr Energie fliesst darauf. Dabei sollte ich mich in die erwünschte Situation hineinversetzen und mir vorstellen, wie ich mich dabei fühle und in der Situation verhalte.

Natürlich muss ich mich auch wert fühlen, Erfüllung zu erlangen. Mangelndes Selbstwertgefühl verhindert Erfüllung. Angst und Sorge sind Ausdruck mangelnden Vertrauens in das Leben.

So habe ich eine Gedankenform des erwünschten Endzustandes in Wort und Bild geschaffen. Wort und Bild müssen einander entsprechen - müssen übereinstimmen. Es ist am besten, wenn ich die Formulierung schriftlich mache. Sie soll vollständig sein, positiv formuliert und in der Präsensform. Ich darf also die Erfüllung nicht in die Zukunft verlegen. Sie sollte auch keine Verneinung und keine Absichtserklärung enthalten wie: «Nie mehr Kopfschmerzen» oder «Ich will, möchte, werde...»

Ich sage also nicht, was ich nicht haben will, sondern was ich haben will und das in der Präsensform, also: «Es ist, ich spüre, fühle, weiss...usw.» Denn in dem Augenblick, in dem ich die Gedankenform, verbunden mit MANA, dem HOHEN SELBST hochgebe, ist die Ursache gesetzt, auch wenn es noch einige Zeit dauern kann, bis sich die erwünschte Wirkung auf der materiellen Ebene manifestiert.

Die Formulierung muss also dem Bild des erwünschten Endzustandes entsprechen, das heisst wenn ich das Bild beschreiben will, sollte dies mit entsprechenden Worten treffend ausgedrückt werden, und wenn ich diese Formulierung spreche, so sollte dieses Bild auf meinem geistigen Bildschirm erscheinen. Erst dann bin ich sicher, dass sich Bild und verbale Formulierung absolut entsprechen. Wort und Bild bedingen einander, sind zwei Hälften der gleichen Information, nur jedes in einer anderen Sprache.

Nun kann ich diese Gedankenform mit Energie aufladen. Dazu mache ich mir bewusst, dass ich mich in einem Meer von Energie befinde. Mich umgibt unbegrenzte kosmische Energie, die darauf wartet, auf ein bestimmtes Ziel gelenkt zu werden. Ich stelle mir also vor, dass mich ein Meer von kosmischer Energie umgibt und öffne mich bewusst dieser Energie und spüre, wie diese Energie mit jedem Atemzug meinen Körper durchflutet, bis jede einzelne Zelle meines Körpers erfüllt ist von dieser Energie.

Jeder Gedanke bekommt bei der Erschaffung einen Körper aus Schattenkörpersubstanz (AKA-Substanz). Eine Gedankenform ist also die Einprägung eines Inhaltes in ein kleines Stück Schattenkörpersubstanz. Jede Gedankenform wird durch einen Faden aus der gleichen Substanz mit allen zueinander passenden Gedankenformen zu Gedankentrauben zusammengefasst. In der modernen Psychologie sind dies die Ideenassoziationen.

Die meisten Menschen produzieren ständig einen Wirrwarr von einander widerstrebenden Gedanken, Wünschen, Plänen, Ängsten und Hoffnungen. Sie ändern täglich, mitunter sogar von einer Minute zur anderen, ihre Absicht und zwingen so das HOHE SELBST, ihre Zukunft aus einander widersprechenden Gedankenformen zu gestalten. Die Zukunft kann daher nichts anderes sein als ein Gemisch von Ereignissen und Gegenereignissen, von Glück und Unglück. Wer jedoch weiss, was er will, und diese Absicht in klare Gedankenformen bringt, dessen Zukunft wird seinen Wünschen entsprechen. Wer aber seine Zukunft ändern will, der muss zunächst einmal das Bessere wirklich wünschen und wollen. Ausserdem sollten seine Gedanken nicht von Ängsten und Zweifeln, oder unklaren Gedankenfetzen verunreinigt sein.

Unsere Zukunft wird nämlich vom HOHEN SELBST mit einem scheinbar automatischen Prozess aus unseren Gedankenformen gestaltet. Unser freier Wille wird dadurch nicht beeinträchtigt, denn wir sind es ja, die diese Gedankenformen als Baumaterial unserer Zukunft zur Verfügung stellen. Es ist in unsere freie Entscheidung gestellt, welche Gedankenformen wir produzieren wollen. Wenn wir unsere Ängste und Zweifel ebenfalls mit einfliessen lassen, wird auch unsere Zukunft angstvoll und zweifelhaft sein.

Am besten beginnen Sie damit, sich einmal zu entscheiden, was Sie in Ihre Zukunft einbauen wollen. Schreiben Sie Ihre Absicht auf, weil das Aufschreiben ein starker Stimulus für das NIEDERE SELBST ist und dadurch Ihre Wünsche eine klare Form bekommen. Entwerfen Sie also ein Bild von Ihrer erwünschten Zukunft in einer vollendeten Form. Sehen Sie das erwünschte Endergebnis bildhaft, plastisch vor sich. Laden Sie diesen Wunsch dann mit starker Willensenergie (mit dem MANA-MANA des MITTLEREN SELBST) auf. Das geschieht dadurch, dass Sie sich darüber klar werden, dass dieser Wunsch Ihre feste Absicht ist und Sie alles daransetzen werden, dieses Ziel zu erreichen. Geben Sie danach diese so ausgearbeitete Gedankenform, versehen mit einer starken Ladung von MANA (Vitalenergie des NIEDEREN SELBST), über die AKA-Schnur zum HOHEN SELBST. Lassen Sie dann aber dem HOHEN SELBST Zeit, diese Gedankenform unter Verwendung des mitgeschickten MANAS in Ihre Zukunft einzubauen. Stellen Sie sich Ihren Wunsch also vor der Meditation lebhaft vor, damit das Bild Ihrer Absicht ganz klar ist.

Bereiten Sie sich gründlich auf die Meditation vor. Selbst die kleinsten Details müssen sorgfältig überlegt und klar vorgestellt werden. Ausserdem ist zu prüfen, wie sich jeder Teil des Wunsches auf die anderen Teile auswirkt. Sie müssen auch sicher sein, dass kein Teil Ihres Wunsches einem anderen Menschen schadet.

Vor der Meditation sollten Ihre Gedankenformen klar, deutlich und endgültig sein und natürlich frei von Zweifeln und Unsicherheit. Diese so vorbereitete Gedankenform wird dann während der Meditation, zusammen mit dem MANA, mehrmals zum HOHEN SELBST geschickt. Sollte bei einer Aussendung einmal ein Teil unklar geblieben sein, dann kann dies bei der folgenden Aussendung noch klargestellt werden. Das ist sehr wichtig, denn jede unklare Aussendung bringt auch unklare Ergebnisse.

Es empfiehlt sich, alle Sinne bei der Aussendung zu beteiligen. Sehen Sie daher nicht nur Ihren Wunsch bereits erfüllt, sondern spüren Sie auch die Begeisterung, die Sie empfinden werden, wenn der Wunsch erfüllt sein wird. Fühlen Sie die Freude darüber bereits bei der Aussendung.

Ihre Gedanken und Gefühle sollten möglichst stark sein, denn wie in der materiellen Welt, so siegt auch bei den Gedanken und Gefühlen der Stärkere über den Schwächeren. Lassen Sie daher einem unbedachten negativen oder unerwünschten Gedanken oder Gefühl sofort einen positiven und erwünschten Gedanken oder ein solches Gefühl folgen.

Beteiligen Sie bei Ihren Vorstellungen alle Sinne. Spüren Sie, wie Sie sich fühlen werden in dem neuen Auto oder Haus. Erleben Sie sich in der neuen Stellung; erleben Sie auch Ihre Begeisterung und die Erfüllung, die Sie bei der Ausübung der neuen Tätigkeit haben werden. Mit einem Wort, geben Sie sich einen starken Eindruck der Präsenz des erwünschten Endzustandes. Das ist besonders wichtig, wenn Sie sich auf diesem Weg gesund machen möchten. Sehen Sie nicht nur, wie die Symptome besser werden, die Schmerzen verschwinden, sondern sehen Sie sich vollkommen gesund und voller Kraft und Freude. Das Unerwünschte darf in Ihrer Vorstellung gar nicht mehr vorkommen, auch nicht abgeschwächt oder verbessert, sondern nur das Gute, Positive - das Erwünschte. Sonst benützen Sie, besser missbrauchen Sie diese schöpferische Kraft, um das Unerwünschte zu stabilisieren, da Sie die Kraft ja auf den unerwünschten Zustand lenken.

Es gibt zwei Arten von Vorstellung: Die positive und bejahende und die negative, verneinende Vorstellung. Beide führen zum Erfolg, aber nur die positive und bejahende zum erwünschten Endzustand. Die negative und verneinende dagegen bewirkt, dass der unerwünschte Zustand verstärkt wird, weil das NIEDERE SELBST die Verneinung nicht versteht, wohl aber das, was verneint wird, und gerade das wird dadurch verstärkt. Für das NIEDERE SELBST bedeutet auch das einen Erfolg, jedoch einen missverstandenen und unerwünschten.

Bei der Schaffung der Gedankenformen ist darauf zu achten, dass das NIEDERE SELBST keine unerwünschten Gedankenketten produziert, was es gern tut, wenn es nicht straff und diszipliniert geführt wird. Wenn es sich also statt mit der gewünschten Gedankenform mit Gedankenbildern aus dem Tagesgeschehen beschäftigt, dann weisen Sie diese liebevoll, aber beharrlich zurück, und nehmen Sie wieder das Bild des erwünschten Endzustandes auf den geistigen Bildschirm. So lernt das NIEDERE SELBST allmählich, sich nicht mehr ablenken zu lassen und ganz bei der Sache zu bleiben. Das geht am besten in der Entspannung, wenn alle äusseren Sinne abgeschaltet sind, also keine Eindrücke von aussen zu bearbeiten sind. Nehmen Sie die Atemführung bewusst in die Hand und atmen Sie behutsam tiefer und gleichmässig. Stellen Sie sich vor, Sie schwimmen in einem Meer von Ruhe, und mit jedem Atemzug füllen Sie sich immer mehr mit dieser Ruhe, bis jede Zelle Ihres Körpers erfüllt ist von dieser Ruhe und

Harmonie. Nun halten Sie die Gedankenform des erwünschten Endzustandes, notfalls mit der «pulsierenden Imagination», auf Ihrem geistigen Bildschirm fest und bejahen diesen Zustand und identifizieren sich damit. Durch diese Konzentration auf die Gedankenform des erwünschten Endzustandes wird diese automatisch immer mehr mit Willensenergie (MANA-MANA) aufgeladen. Je länger Sie dieses Bild festhalten, desto mehr Energie fliesst darauf, und umso leichter und schneller kann die Erfüllung erfolgen. Dann sagen Sie Ihrem NIEDEREN SELBST, dass es nun diese vorbereitete und aufgeladene Gedankenform dem HOHEN SELBST hochgeben möge. Das «sagen» ist durchaus wörtlich gemeint, weil das NIEDERE SELBST leichter reagiert, wenn Sie wirklich laut mit ihm sprechen. Auch flüstern hat sich bewährt, um seine erhöhte Aufmerksamkeit auf das Beabsichtigte zu lenken. Sagen Sie ihm, dass auch das MITTLERE SELBST seinen Teil zur Erfüllung beitragen werde, und erklären Sie ihm die Vorteile, die sich aus der Erfüllung auch für das NIEDERE SELBST ergeben werden. Überzeugen Sie Ihr NIEDERES SELBST, dass der erwünschte Endzustand auch für das NIEDERE SELBST erstrebenswert ist. Bitten Sie es dann, seine ganze Kraft einzusetzen, damit dieser neue Zustand in Erscheinung treten kann, indem es diese Gedankenform mit einer möglichst hohen Ladung MANA dem HOHEN SELBST zuleitet.

Es hat sich gezeigt, dass lebendige Bilder das NIEDERE SELBST mehr interessieren als statische. Schaffen Sie daher eine «lebendige» Gedankenform in Form eines kleinen Ablaufs, wie ein Film, eine Handlung, in dem der erwünschte Endzustand zum Ausdruck kommt, weil diese Form dem NIEDEREN SELBST mehr Freude macht und es so leichter bei der Sache bleibt. Auf diese Weise gelingt es auch leichter, ein Bild auf dem geistigen Bildschirm festzuhalten, ohne dass die pulsierende Imagination erforderlich wäre.

Doch auch bei der verbalen Formulierung sollte man sich Zeit lassen und sie sorgfältig ausführen, ergänzen und vervollständigen. Am einfachsten schreibt man die einzelnen Sätze der Formulierung auf separate Zettel, weil man so leichter die Reihenfolge verändern kann, bis die ganze Formulierung eine Einheit geworden ist und exakt dem Bild entspricht. Hier einmal im Zusammenhang die einzelnen Schritte zur optimalen Formulierung:

Die Redaktion wirksamer Formulierungen

1. Das Thema oder den erwünschten Endzustand bestimmen.
2. Das Thema in Stichworten auf separaten Zetteln festhalten.
3. Aus den Stichworten bildhafte Sätze formulieren. Eventuell mehrere Stichworte zu einem Satz zusammenfassen. Positiv, Präsensform, Vollständigkeit, keine Absicht oder Verneinung.
4. Die richtige Reihenfolge bestimmen.
5. Das Ganze im Zusammenhang neu schreiben.
6. Den Gesamtinhalt zu einer Kurzformel zusammenfassen, zur häufigen inneren Bejahung.

Bejahungen zur Gesundheit

Meine positive Lebenseinstellung macht mich gesund und glücklich und hilft mir zur Selbstverwirklichung.

Ich esse ganz bewusst das Richtige im rechten Mass. Ich esse ausgewogen und mässig, und dadurch bin ich leistungsfähig und fühle mich wohl.

Ich habe einen gesunden, natürlichen und erholsamen Schlaf, wache jeden Morgen frisch und gut gelaunt auf und gehe mit Freude durch den Tag.

Ein wunderbares Wohlgefühl durchströmt meinen ganzen Körper und erfüllt jede einzelne Zelle mit Kraft, Gesundheit und Harmonie.

Ruhig und gelassen löse ich die Aufgaben, die mir das Leben stellt. Ich erfülle meine Aufgaben mit Begeisterung und erreiche jedes gesteckte Ziel.

Meine Zuversicht gibt mir Ausdauer und stärkt meinen Mut.

Dank meiner Kraft und Gesundheit bin ich unabhängig und frei.

Dankbar erkenne ich die Chance, jeden Tag mein Leben und meine Zukunft neu gestalten zu können.

Mein Glaube gibt mir Kraft, Selbstsicherheit und Harmonie. Ich bin gesund, glücklich und geborgen in der allumfassenden Liebe der Schöpfung.

Formeln

«Gesundheit sich schenken durch positives Denken»
«Ich bin eins mit dem Leben und völlig gesund»

Wichtig ist, dass wir uns darin trainieren, nur Gedankenbilder des erwünschten Endzustandes, hier also des geheilten Zustandes, auf den geistigen Bildschirm zu nehmen und mit MANA aufzuladen, weil sonst das Gegenteil bewirkt wird. Das fällt vielen Menschen schwer, wenn man doch täglich den kranken Zustand vor Augen hat und vielleicht sogar ständig schmerzhaft daran erinnert wird. Deshalb ist ein beharrliches Training erforderlich, bis es jederzeit gelingt, sich gesund und kraftvoll zu sehen.

Bei Veränderungen der Zukunft müssen wir stets Umstand, Zeitpunkt und Person auf einen Nenner bringen. Es genügt also nicht, das Richtige zu tun, ich muss es auch noch zum richtigen Zeitpunkt tun. Doch auch wenn Umstand und Zeitpunkt stimmen, muss auch die Person stimmen. Ich sollte daher nicht sagen:

«Ich werde nächsten Monat dieses Mädchen heiraten»,

sondern:

«Ich heirate zum richtigen Zeitpunkt die richtige Partnerin und werde ihr ein guter Partner».

Umstand, Zeitpunkt und Person müssen übereinstimmen und in Harmonie sein. Kenne ich einen oder mehrere Punkte nicht oder kann sie nicht sicher bestimmen, muss ich sie offen lassen, damit das HOHE SELBST die beste Form bestimmen kann.

Natürlich sollte ich auch beachten, dass alles seine Zeit braucht. Niemand wird erwarten, unmittelbar nach der Saat auch gleich zu ernten. Auch wird niemand etwas anderes ernten als das, was er gesät hat. So sollte niemand andere Wirkungen erwarten als die Folgen der Ursachen, die er gesät hat. Gleiches erzeugt immer nur Gleiches, und von nichts kommt eben auch nichts. Wenn mir daher einmal eine Wirkung nicht gefällt, habe ich die falsche Ursache gesetzt.

Mit einiger Übung kann ich mir auch einen komplizierten erwünschten Endzustand mit einer zusammenfassenden Formel auf den geistigen Bildschirm rufen. Daher ist es empfehlenswert, jedesmal auch eine Kurzformel zu finden, die mehrfach am Tag «bedacht» und damit aktiviert werden kann. Es genügt jedoch nicht, gleich nur eine Kurzformel zu schaffen, weil diese Kurzformel mich ja nur an die genaue und umfassende Ausarbeitung erinnert, und wenn diese nicht existiert, dann ist auch eine Erinnerung nicht möglich. Der Geübte wird oft sogar eine Kurzformel finden, die nur aus einem Wort besteht. Immer aber muss dahinter die ausführliche, bildhafte Ausarbeitung stehen.

Als Experiment schaffen Sie doch einmal eine Gedankenform, die sofort realisiert werden kann, und deren Verwirklichung Sie daher sofort kontrollieren können. Ziehen Sie sich für ein paar Minuten an einen Ort zurück, wo Sie nicht gestört werden, und machen Sie es sich ganz bequem. Atmen Sie ruhig und gleichmässig, und gehen Sie mit Ihrem Bewusstsein einmal nacheinander alle Körperpartien einzeln durch. Lenken Sie zunächst Ihr Bewusstsein für einige Sekunden in den rechten Arm, dann in den linken Arm, und vergewissern Sie sich, dass die einzelnen

Partien gelöst und entspannt sind. Gehen Sie dann weiter in ein Bein, dann in das andere Bein, in den Bauch, die Brust, die Schultern und zuletzt in die kleinen Muskeln im Gesicht. Vergewissern Sie sich, dass die kleinen Muskeln um die Augen und um den Mund ganz entspannt sind, die Zunge locker im Mund liegt und auch der Unterkiefer ganz gelöst ist.

Nun entspannen Sie sich auch geistig und lassen alle Gedanken weiterziehen, ohne sie aufzugreifen. Lassen Sie sie gehen, und wenn auch Ihr Geist zur Ruhe gekommen ist, das Ganze braucht nur zwei bis drei Minuten zu dauern, nehmen Sie die Vorstellung des Gähnens auf Ihren geistigen Bildschirm. Stellen Sie sich vor, wie andere gähnen und wie auch Sie letztlich gähnen müssen UND FREUEN SIE SICH DARÜBER.

Wahrscheiniich wird Ihr NIEDERES SELBST sofort reagieren und Sie veranlassen zu gähnen. Das ist eine besonders leichte Übung, und wahrscheinlich werden Sie oft hintereinander gähnen müssen. Achten Sie nur darauf, dass Sie dies mit einem Gefühl der Freude tun, als Belohnung für die Bemühungen des NIEDEREN SELBST. Sagen Sie dabei ruhig, dass alles, was Sie an Gedankenformen dem NIEDEREN SELBST übergeben, gut und erfreulich ist. Gewöhnen Sie so das NIEDERE SELBST daran, diese Gedankenformen freudig aufzunehmen und bei der Verwirklichung gern mitzuwirken. Wenn Sie diese Übung erfolgreich abgeschlossen haben, können Sie gleich einen Schritt weitergehen und sich einen gesunden und erholsamen Schlaf für die Nacht schicken lassen. Auch wenn Sie glauben, ohnehin gut zu schlafen, wird Ihr Schlaf in dieser Nacht besonders erquickend sein.

Bitten Sie anfangs nicht gleich um alles Mögliche, sondern beschränken Sie sich auf eine Sache. Es empfiehlt sich, zunächst allgemein um Schutz und Führung zu bitten, etwa mit folgenden Worten:

«HOHES SELBST, ich bitte Dich um tägliche Führung und Schutz und danke Dir für Deine Hilfe.»

Dabei stellen Sie sich bildhaft vor, wie ein Lichtnetz Sie umgibt oder wie Ihre Aura in hellem Licht erstrahlt und nur Gutes Sie erreicht. Bekräftigen Sie diese Vorstellung durch eine vertrauensvolle Erwartung, denn Ihr Vertrauen ist entscheidend für den Erfolg.
Wechseln Sie das Bild auch nicht oft, weil es sich von Mal zu Mal deutlicher abzeichnet und mehr mit Kraft auflädt. Und behindern Sie die Aussendung nicht durch bewusste Gedanken — lassen Sie es einfach geschehen, lassen Sie es fliessen.

Die verbale Formulierung Ihres Wunsches sollte mit so wenigen Worten wie eben möglich erfolgen, aber es sollten Worte sein, die einen starken bildhaften Eindruck hervorrufen. Sie müssen sich emotional beteiligen, das heisst, Sie sollten sich für Ihren Wunsch wirklich begeistern, und Sie müssen glauben, dass es geschieht.

Erwarten Sie also, dass das NIEDERE SELBST reagiert und freudig mit Ihnen zusammenarbeitet, und seien auch Sie bei der Arbeit mit dem NIEDEREN SELBST freudig aber gelassen.

Wird es einmal erforderlich, eine geplante Gedankenform aufzuschieben oder aufzugeben, dann erklären Sie dem NIEDEREN SELBST wie einem Freund die Gründe hierfür und bitten Sie es um Verständnis und Einverständnis. Laden Sie allerdings auch die Gedankenform der Änderung entsprechend auf, damit sie eine entsprechende Wirkung hervorbringen kann. Das ist wichtig, damit das NIEDERE SELBST nicht irritiert wird durch widersprüchliche Gedankenformen.

Zum Abschluss der Arbeit sagen Sie dem NIEDEREN SELBST, dass damit die Sitzung beendet ist und dass es nun nicht mehr entspannt zu sein braucht und mit Schwung und Freude wieder an seine Tagesaufgaben gehen kann.

Denken Sie bei der Schaffung der Gedankenformen auch daran, dass eine Sache wohl für Sie gut sein kann, deshalb aber nicht auch unbedingt für Ihre Umwelt gut und richtig sein muss. Prüfen Sie daher vorher, ob Sie nicht mit der Verwirklichung unbeabsichtigt das HUNA-Gesetz verletzen, das lautet:

«VERLETZE NIEMANDEN».

Natürlich sollten Sie sich selbst ebenfalls nicht verletzen, denn auch das würde gegen das Gesetz verstossen. Sind einmal Ihre Interessen und die Interessen der Umwelt gegeneinander gerichtet, so seien Sie ein gerechter Richter und werten Sie beide Seiten gleich und entscheiden Sie so neutral, als ob es nicht um Sie und Ihre Interessen ginge.

Wenn Sie sich nicht entscheiden können, was geschehen sollte, dann bitten Sie allgemein, etwa mit folgenden Worten:

«Mir fliesst das zu, was ich brauche, und dann, wann ich es brauche. Ich werde stets zu meinem Besten geführt.»

Wenn Sie die Form der Hilfe dem HOHEN SELBST überlassen, dann ist Ihre Zukunft in besten Händen.

Zusammenfassung

1. *Die Vorbereitung:*
   a) Zielklarheit. Ich werde mir klar darüber, was ich erreichen will, und ich bestimme das Ziel. Besser ist es, in der Stille oder Meditation um innere Führung zu bitten. Ich prüfe auch, ob Erfüllung für mich und andere wirklich gut ist.
   b) Hindernisse beseitigen. Ich mache mich frei von unerwünschten Bildern und löse eventuelle Schuldgefühle auf. Auch ein mangelndes Selbstwertgefühl ist ein Hindernis. Ich fühle mich wert, die Erfüllung zu empfangen.
   c) Formulierung. Ich formuliere den gewünschten Endzustand in Wort und Bild, sie muss positiv, in der Präsensform und vollständig sein. Sie darf keine Verneinung und keine Absichtserklärungen enthalten. Wort und Bild müssen übereinstimmen.
   d) Entspannung. Ich bereite mich vor durch eine Entspannungsform, die ich beherrsche, wie Psychokybernetik oder AT.
   e) Konzentration. Ich sammle meine Gedanken auf einen Punkt und konzentriere mich ganz auf mein Vorhaben.

2. *Die Vorstellung:*
   a) Festhalten. Ich sehe den erwünschten Endzustand in allen Einzelheiten auf meinem geistigen Bildschirm und halte dieses Bild möglichst lange fest, denn das Ergebnis hängt von Präzision und Dauer ab. Falls erforderlich, die «Pulsierende Imagination» anwenden.
   b) Aufladung. Ich lade dieses Bild mit einem starken Gefühl auf, indem ich den erwünschten Endzustand innerlich

bejahe. Ausserdem lenke ich bewusst über den Atem Energie auf das Bild.

3. Verursachung:

a) Identifikation. Ich sehe mich bereits in der Erfüllung, ich nehme wahr, wie ich mich dabei fühle und verhalte.
b) Dank. Ich spüre in mir eine innere Gewissheit, dass dieses Bild nun Realität geworden ist, dass es geschehen ist, und dafür bin ich dankbar.

4. Die Vervollkommnung:

a) Beitragen. Ich trage auf meiner Ebene alles Erforderliche bei, damit sich der erwünschte Endzustand schneller manifestieren kann. Dazu gehört auch die gute Tat, die der Grösse des Wunsches mindestens entsprechen sollte, denn man kann nur nehmen, was man gibt. Erst kommt das Säen, dann das Ernten.
b) Loslassen. Wissen, das es damit vollendet ist und geschehen lassen.
c) Wiederholung. Ich wiederhole diesen Schöpfungsakt, bis sich der erwünschte Endzustand manifestiert hat.

Das Pendeln

Wenn Sie einen guten Kontakt zu Ihrem NIEDEREN SELBST hergestellt haben und es zur Mitarbeit bereit ist, dann haben Sie im Pendel eine grosse Hilfe, um über das NIEDERE SELBST auch vom HOHEN SELBST klare Ja- oder Nein- Antworten zu bekommen. Die Bewegung der unwillkürlichen Muskeln wird ja vom NIEDEREN SELBST gesteuert, und das HOHE SELBST ist über die AKA-Schnur mit dem NIEDEREN SELBST verbunden. So kann es sich durch bestimmte Schwingungen des Pendels ausdrücken. Die Antworten über das Pendel sind natürlich nur so gut, wie Ihr Kontakt zum NIEDEREN SELBST oder zum HOHEN SELBST es zulässt.

Bitten Sie Ihr NIEDERES SELBST, Ihnen zu zeigen, welche Schwingung von nun an für «JA» und welche für «NEIN» benutzt wird. Fragen Sie aber auch, welche Schwingung für «DAS WEISS ICH NICHT» und für «DAS WILL ICH NICHT SAGEN» verwendet wird. Überlassen Sie die Entscheidung hierüber aber unbedingt Ihrem NIEDEREN SELBST. Zwingen Sie es so wenig wie eben möglich, denn auch Sie sollten die freie Willensentscheidung weitgehend respektieren und eine freundschaftliche Zusammenarbeit anstreben.

Dazu gehört auch, dass Sie Ihr NIEDERES SELBST fragen, mit welchem Namen Sie es ansprechen sollen. Sagen Sie ihm, dass Sie in Zukunft regelmässig zu ihm Kontakt aufnehmen möchten und bitten Sie es, Ihnen einen Namen mitzuteilen, mit dem Sie es ansprechen sollen. Denken Sie aber daran, dass es keinen Namen hat.

Es ist daher sinnlos zu fordern: «Sage mir deinen Namen». Fragen Sie besser: «Mit welchem Namen soll ich dich ansprechen? Lass bitte jetzt den von dir gewünschten Namen in mein Bewusstsein steigen. Ich empfange jetzt in meinem Bewusstsein den von dir gewünschten Namen». Dann seien Sie eine Minute «gedankenstill» und nehmen Sie wahr, welcher Name Ihnen ins Bewusstsein steigt. Akzeptieren Sie jeden Namen, der kommt, auch wenn es ein Name ist, den Sie noch nie gehört haben, oder es kann auch ein gegengeschlechtlicher Name sein, also ein Frauenname, wenn Sie ein Mann sind und umgekehrt.

Mit Hilfe des Pendels können Sie dann den Namen überprüfen, indem Sie fragen: «Habe ich dich richtig verstanden? Ist der von dir gewünschte Name ....?» Halten Sie das Pendel still und warten Sie ab, welche Antwort Ihnen das NIEDERE SELBST über das Pendel gibt.

Auf diese Weise können Sie natürlich alle anderen Fragen an das NIEDERE SELBST klären. So zum Beispiel, ob der Kontakt zum HOHEN SELBST hergestellt ist, ob es eine MANA-Hochladung im Schattenkörper gespeichert hat usw.

Vergessen Sie auch nicht, das NIEDERE SELBST zu loben, wenn es Ihre Fragen beantwortet hat. Am besten stellen Sie am Anfang Fragen, die Sie auf andere Weise leicht nachkontrollieren können. Und arbeiten Sie anfangs nicht zu lange mit dem Pendel, weil das NIEDERE SELBST schnell die Freude an einer ungewohnten Tätigkeit verliert. Mit zunehmender Übung wird es dann gern bereit sein, auch länger über das Pendel zu antworten.

Sie könnten zum Beispiel den Plus- und Minuspol bei einem Magnet auspendeln und dann mit einem Kompass kontrollieren. Oder das Alter eines Freundes und ihn dann fragen.

Ein Pendel können Sie sich leicht aus jedem Material herstellen. Es genügt, wenn Sie einen Ring an einen Faden von etwa 50 cm Länge binden. Es kann auch ein Autoschlüssel oder ein Kuli sein. Halten Sie das Pendel so, dass etwa 20 cm der Schnur frei hängen, und halten Sie es ganz ruhig. Nun fragen Sie in Gedanken Ihr NIEDERES SELBST: «Welche Schwingung willst du für JA verwenden». Wiederholen Sie diese Frage solange, bis das Pendel zu schwingen beginnt. Ist die Frage klar beantwortet, stellen Sie die nächste Frage.

Sie können später so klären, ob ein Mensch es gut mit Ihnen meint oder ob eine Speise oder ein Medikament Ihnen zuträglich ist. Und natürlich können Sie so auch feststellen, ob genügend MANA gespeichert ist für eine bestimmte Bitte und ob der Kontakt zum HOHEN SELBST hergestellt ist, also ob die AKA-Schnur frei ist oder noch Blockierungen vorhanden sind. Vermeiden Sie es aber am Anfang, schwierige psychologische Probleme lösen zu wollen oder Zukunftsprognosen zu stellen.

Ein interessanter Versuch mit dem Pendel ist es, die Ladung eines Glases Wasser zu messen, indem Sie die linke Hand darüber halten und mit der rechten Hand pendeln und sich dabei in Gedanken fragen: «Wie hoch ist die Ladung des Wassers?» Dann laden Sie sich mit MANA auf, halten die rechte Hand über das Wasser und geben den Gedankenbefehl, die gesamte Ladung in das Wasser fliessen zu lassen. Dann pendeln Sie erneut die Ladung des Wassers aus, und Sie werden feststellen, dass sie sich stark erhöht hat.

Reicht Ihnen die Ladung noch nicht aus. so können Sie das Wasser erneut nachladen und wieder auspendeln. Die Ladung wird sich noch einmal deutlich erhöht haben. Ich benutze für diese Messungen die nachstehende Tabelle, die die Ladung in Prozenten anzeigt.

Ladung in %

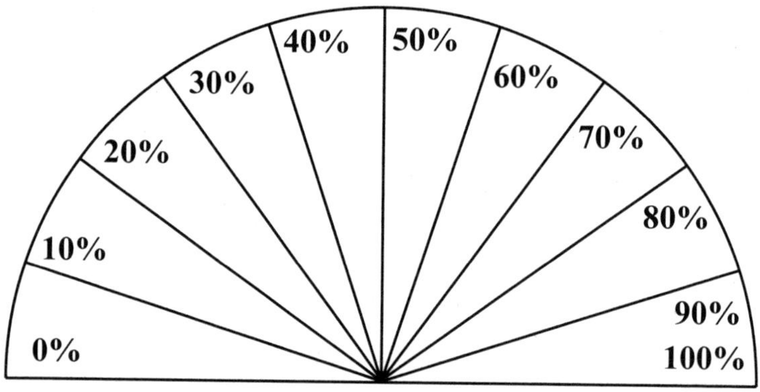

Sie können aber auch den Kreis von 360 Grad nehmen, wobei 360 eben eine Ladung von 100% anzeigt, oder eine Armbanduhr. Hier ist das Pendel auf den Mittelpunkt zu halten, um zu sehen, wohin es bei einer entsprechenden gedanklichen Frage schwingt. Die 12 entspricht wieder 100% Ladung. Wasser mit einer hohen Ladung ist eine wunderbare Medizin, und Sie sollten bei Bedarf ein Glas über den Tag verteilt in kleinen Schlucken trinken.

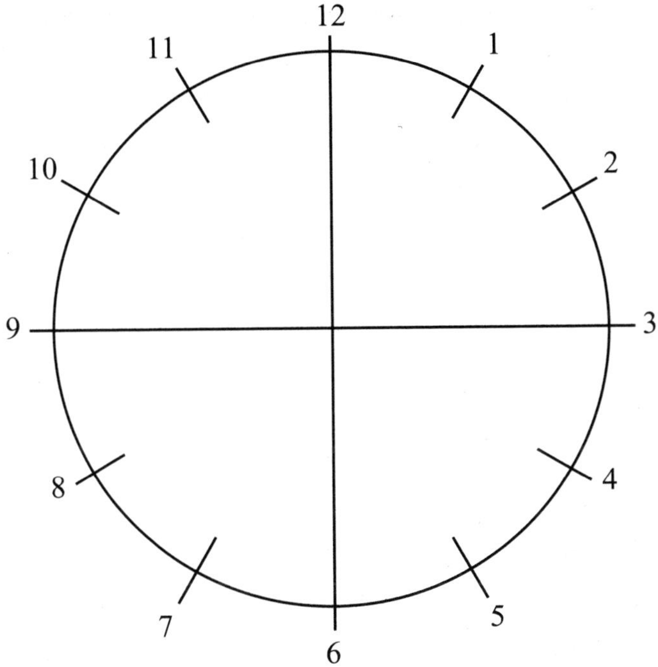

Sie können natürlich auch ganz allgemein fragen: «Ist diese Nahrung für mich gut?» Oder: «Hilft mir dieses Medikament?» Dabei bedeutet eine im Uhrzeigersinn kreisende Schwingung «GUT», eine gegen den Uhrzeigersinn kreisende Schwingung «SCHLECHT». Dabei ist natürlich zu beachten, dass Sie auf diese Weise anfangs nur eine zusätzliche Information bekommen und Sie Ihr Verhalten nicht davon abhängig machen sollten. Erst nach langer Erfahrung weiss man sicher, ob der Kontakt gut und die Antworten auch zuverlässig sind.

Dabei kann das folgende Experiment hilfreich sein. Wieder geben Sie einige kleinere Gegenstände in eine Anzahl gleicher Dosen oder Schachteln. In jede natürlich nur einen Gegenstand und fragen dann das Pendel: «Ist in dieser Dose der Schlüssel?» Dabei halten Sie das Pendel ruhig darüber, und wenn Sie die Antwort haben, öffnen Sie die Dose und schauen nach. Auf diese Weise erfahren Sie sehr schnell, wie sehr Sie sich auf die Antworten verlassen können.

Mit Hilfe des Pendels können Sie sich aber auch zwischen mehreren Alternativen entscheiden oder prüfen, ob eine bestimmte Therapie für Sie gut ist oder ob eine bestimmte Stellung Ihren Erwartungen entspricht usw.

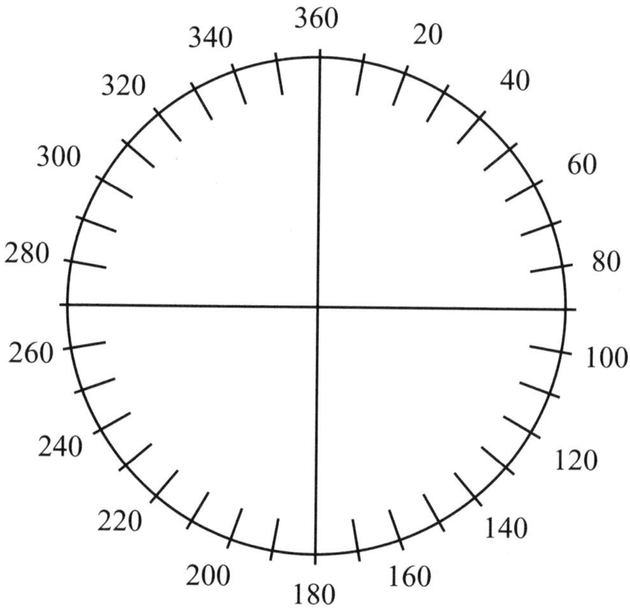

Sie können sich auch an einem geeigneten Baum, den Sie mit dem Pendel auswählen, mit Vitalenergie aufladen. Vorsicht: Manche Bäume würden Ihnen Kraft entziehen, das heisst, Sie würden sich dort entladen, anstatt sich aufzuladen. Sie berühren einfach mit beiden Händen den Baum und ziehen gedanklich

Kraft heraus. Sie spüren deutlich die Richtung, in der die Kraft fliesst. Ist der Spannungsausgleich hergestellt, hört der Kraftfluss automatisch auf. Sobald Sie geübt sind, wird Ihnen das Pendel eine sichere Auskunft geben, damit Sie immer den richtigen Baum auswählen. Haben sie einen besonders geeigneten Baum gefunden, können Sie später über den AKA-Faden, der Sie nach dem ersten Kontakt automatisch mit dem Baum verbindet, auch von zu Hause aus Kraft tanken.

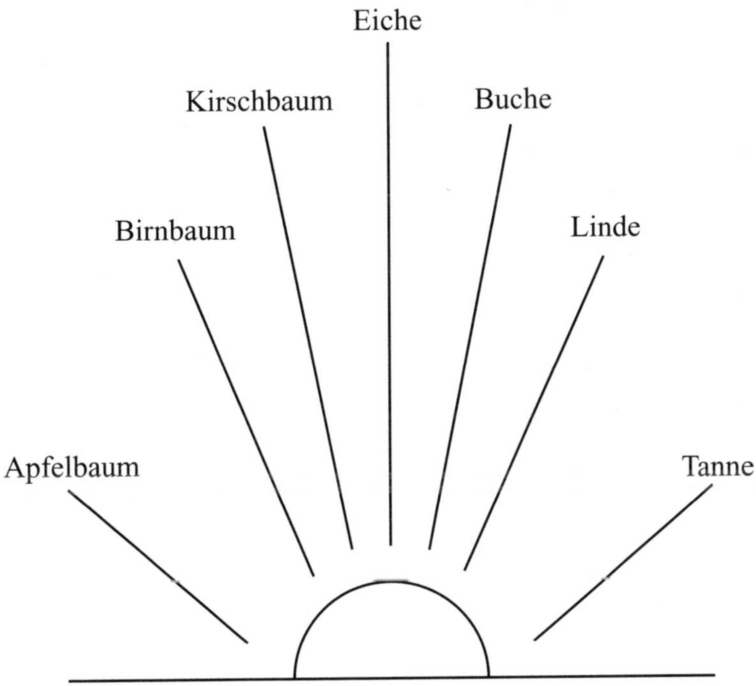

Mit dieser Tafel prüfen Sie, welche Baumart für Sie besonders günstig ist, um sich aufzuladen. Diese Tabelle kann beliebig abgeändert oder erweitert werden.

Das geistige Pendeln

Eine weitere interessante Möglichkeit ist das «Geistige Pendeln». Dabei gehen Sie genauso vor wie beim praktischen Pendeln, nur halten Sie kein Pendel in der Hand, sondern «sehen» sich auf Ihrem geistigen Bildschirm pendeln und «sehen», welche Antwort Ihnen das NIEDERE SELBST auf diese Weise gibt.

Mein NIEDERES SELBST, es hat sich für den Namen «George» entschieden, hat mir noch eine einfachere Möglichkeit gezeigt. Es zeigt mir auf meinem geistigen Bildschirm eine normale Verkehrsampel und lässt das entsprechende Licht aufleuchten, sobald ich geistig eine Frage stelle. Das ist besonders praktisch bei Verhandlungen oder im Gespräch, weil nicht jeder Gesprächspartner Verständnis hätte, wenn Sie dabei ein Pendel aus der Tasche ziehen würden. Mit Hilfe des geistigen Pendels können Sie jederzeit und überall direkten Kontakt zu Ihrem NIEDEREN SELBST halten und es befragen, ohne dass der andere das bemerkt.

Mein «George» lässt auch ungefragt die Ampel aufleuchten, wenn er glaubt, mir seine Meinung zu einer Sache mitteilen zu müssen. So lässt er mitunter das Gelblicht mehrfach aufleuchten, um mir zu sagen «Achtung, hier besonders aufpassen», und natürlich prüfe ich dann besonders gründlich oder frage konkret bei «George» nach. So habe ich wirklich das Gefühl, einen sehr kompetenten Freund ständig bei mir zu haben, der mir hilft, meine Entscheidungen noch besser und sicherer zu fällen, und sicher ist auch Ihr NIEDERES SELBST genauso bereit, Ihnen ein zuverlässiger Freund zu sein. Das Pendel kann dabei eine wichtige Kommunikationshilfe sein.

Der Regen des Segens

Der REGEN DES SEGENS ist das von uns ausgesandte MANA, das vom HOHEN SELBST umgeformt wurde, um unsere Bitte zu erfüllen, und dann zu uns zurückfliesst.

Während unserer HUNA-Meditation stehen wir über die AKA-Schnur in direktem Kontakt zu unserem HOHEN SELBST. Das MITTLERE SELBST bringt die Bitte in eine klare Gedankenform, und das NIEDERE SELBST lädt diese mit einer hohen Ladung MANA auf und lässt beides über die AKA-Schnur zum HOHEN SELBST fliessen. Dieses Fliessen können wir meist ganz deutlich spüren. Wenn wir in der HUNA-Meditation geübt sind, können wir nicht nur ganz deutlich spüren, wie auf unseren Wunsch hin das NIEDERE SELBST unseren Schattenkörper mit MANA füllt, bis es am Scheitel überfliesst, wir können auch spüren, wie es zum HOHEN SELBST hochsteigt und wieder zu uns zurückkehrt wie Wasser eines Spingbrunnens zum Becken. Es entsteht so ein vollständiger Kreis, und wenn wir diese Form erreicht haben, können wir lange meditieren, ohne zu ermüden, weil wir kaum Kraft verbrauchen.

Denn unser ausgesandtes MANA kommt in veränderter Form als «REGEN DES SEGENS» stets wieder zu uns zurück. Diesen Rückstrom erkennen wir an einem starken Aufströmen von Liebe aus dem NIEDEREN SELBST. Das ist auch für das MITTLERE SELBST der Beweis, dass der Kontakt zum HOHEN SELBST hergestellt ist.

Die KAHUNAS schliessen jede Meditation ab mit der Bitte: «Lass den REGEN DES SEGENS herniederfallen». Auch wir können unsere Meditation so abschliessen, wenn wir nicht ohne dies schon spüren, dass unsere Bitte bereits erfüllt wird.

Die zehn Schritte der HUNA-Meditation

1. Schritt – Die Vorbereitung

Erkennen Sie die Existenz des HOHEN SELBST und bringen Sie ihm Liebe, Vertrauen und Zuversicht entgegen. Das HOHE SELBST ist bereit. Ihnen jederzeit und in jeder Situation zu helfen. Da es jedoch die freie Willensentscheidung respektiert, muss der erste Schritt vom MITTLEREN SELBST ausgehen.

Erkennen Sie die Aufgabe, die das MITTLERE SELBST erfüllt, indem es die Entscheidung trifft, worum Sie bitten wollen und dieser Bitte dann eine klare Gedankenform gibt. Das MITTLERE SELBST unterstützt die Arbeit des NIEDEREN SELBST, indem es die Kontrolle über die Atmung übernimmt. Es lässt die Atmung tiefer und schneller werden, wobei es an das Gedankenbild einer anstrengenden Tätigkeit denkt, was das NIEDERE SELBST veranlasst, mehr MANA zu produzieren.

Erkennen Sie auch die Notwendigkeit, die Bitte über das NIEDERE SELBST zu senden, denn nur es ist in der Lage, einen Kontakt zum HOHEN SELBST herzustellen. Deshalb ist eine gute Zusammenarbeit mit dem NIEDEREN SELBST anzustreben und täglich zu pflegen. Klären Sie auch, ob das NIEDERE SELBST mit der jeweiligen Bitte einverstanden ist, und überzeugen Sie es vom Vorteil der Erfüllung des Wunsches für Sie beide. Erst dann können Sie sicher sein, dass das NIEDERE SELBST seine Aufgabe freudig erfüllen wird.

Ziehen Sie sich zur Meditation an einen Ort zurück, an dem Sie nicht gestört werden. Wenn erforderlich, lesen Sie als Vorbereitung auf die Meditation entsprechende Schriften oder Bücher. Machen Sie es sich dort ganz bequem, und entspannen Sie Ihren Körper. Gehen Sie aufmerksam alle Partien des Körpers durch, spannen Sie jeden Teil kurz an, und lassen Sie ihn dann bewusst vollkommen los.

Bereiten Sie sich nun durch eine Meditation auf die Aussendung der Bitte vor, bis Sie spüren, dass der Pfad frei ist und Sie ein starkes Gefühl der Liebe und Verbundenheit mit dem HOHEN SELBST verbindet.

Es ist möglich, dass Ihr NIEDERES SELBST gleich beim ersten Versuch voll anspringt. Normalerweise aber bedarf es einer kurzen Übungszeit, bis es regelmässig gute Ergebnisse erreicht.

2. Schritt – KALA, Die geistige Reinigung

Nun beseitigen Sie alle Hindernisse in sich. Sie machen sich frei von unerwünschten Gedanken und Bildern und lösen eventuelle Schuldgefühle auf. Auch ein mangelndes Selbstwertgefühl ist ein Hindernis. Fühlen Sie sich wert, Erfüllung zu empfangen.

Dazu gehört, dass Sie in diesem Schritt Ihre Vergangenheit bewusst loslassen und Ihr Bewusstsein auf die Vollkommenheit Ihres Wahren Selbst richten. Lassen Sie alle negativen Gedanken, Gefühle, Sorgen, Ängste usw. los und lösen Sie sie in dieser Erkenntnis auf. Lösen Sie auch alle Erwartungen an andere auf und akzeptieren Sie jeden Menschen so, wie er nun einmal ist.

Entlassen Sie ganz bewusst jeden Gedanken an Mangel oder Begrenzung, und wenden Sie sich ganz der Fülle der einen Kraft zu. Machen Sie auch gut, was Sie eventuell anderen zugefügt haben.

Treten Sie mit jedem einzelnen Ihrer Familienmitglieder, Ihrer Freunde und Bekannten in kurzen Bildkontakt und bitten Sie ihn, Ihnen zu vergeben, falls Sie ihm etwas Unangenehmes zugefügt haben sollten. Fahren Sie damit fort, bis Sie eine bildhafte Geste des Verzeihens erhalten.

Bitten Sie auch alle anderen Menschen gemeinsam in Gedanken um Vergebung und senden Sie ihnen ein Gefühl der Liebe und Harmonie. Machen Sie gut, was Sie anderen zugefügt haben. Wenn dies nicht möglich ist, leisten Sie anderen einen Dienst, und tun Sie so stellvertretend Busse. Befreien Sie sich in Zusammenarbeit mit dem NIEDEREN SELBST von Blockierungen (Fixationen mit hoher MANA-Ladung).

Unbezahlte Schulden (materielle, seelische, geistige) sind Hindernisse auf dem Weg zur Vollkommenheit, denn Schulden sind Disharmonien, die Sie von der Vollkommenheit trennen. Sie sind ein ernstes Hindernis für jeden, besonders wenn man sich eine neue Existenz (auch seelisch) aufbauen möchte. Jede alte Schuld muss zurückgezahlt werden, sonst wird sie eines Tages vom Schicksal einkassiert, und das ist meist viel schmerzhafter.

In der Bergpredigt heisst es, dass wir zuerst alle unsere Verhältnisse untereinander bereinigen müssen, ehe wir vor Gott treten können (in die Vollkommenheit eintreten), und zwar solange bis auch der letzte Heller bezahlt ist (Matthäus 5, Vers 21 - 26).

Zunächst muss mit geschärftem Gewissen die Vergangenheit durchforscht werden, um alle eventuellen Schulden gewissenhaft festzustellen. Dann ist diese Schuld in der Währung zurückzuzahlen, in der sie entstanden ist. Das heisst, materielle Schulden sind materiell zurückzuzahlen, seelische seelisch usw., und zwar mit Zinsen.

Was aber ist zu tun, wenn der Geschädigte nicht mehr zu finden ist? Die Kahunas, die den Vorgang der Befreiung von Schuld KA-LA nennen, sagen, dass dann ausnahmsweise die Schuld einem Dritten, Unbeteiligten zurückgezahlt werden darf, wenn wir darum bitten, dass die Vorsehung es dem Richtigen zuleiten möge.

Hier können wir nicht, wie bei den Schuldgefühlen, uns einfach vorstellen, wir seien frei von Schuld. Wir müssen also klar Schulden und Schuldgefühle unterscheiden. Das eine ist eine Realität und muss real bezahlt werden, das andere ist eine Vorstellung und kann durch eine andere Vorstellung aufgelöst werden.

Es ist nicht immer leicht, einem anderen zu sagen: «Ich bin in deiner Schuld» und «Ich bitte um ENT-SCHULDIGUNG». Aber wie wohl fühlt man sich, wenn man alle Besuche gemacht, alle Briefe geschrieben und alle Schulden bezahlt hat. Dieses Gefühl der Erleichterung ist kaum zu beschreiben. Alles ist frei, leicht, entspannt, einfach wunderbar. Vor allem aber haben wir dann, und nur dann, unser karmisches Konto gelöscht, so dass wir auch vor dem Schicksal wirklich frei sind.

Wir können negative Energien aus der Vergangenheit auch durch eine Rückführung in die auslösende Situation auflösen, denn durch dieses aktive Wiedererleben wird die gebundene Energie freigesetzt und das Ereignis als freie Erinnerung dem Gedächtnis angegliedert. Wir können zwar die Vergangenhelt nicht ändern, aber wir können verhindern, dass sie weiter in unsere Gegenwart und Zukunft wirkt.

Auch die negativste Vergangenheit hat eine positive Wirkung, wenn ich sie als Anlass nehme, darüber nachzudenken, zu erkennen, welche Lektion für mich darin enthalten war und die entsprechenden Konsequenzen ziehe und auch praktisch danach lebe. So wird jedes negative Ereignis ein Helfer und Lehrmeister für den nächsten Schritt auf meinem Weg zum höchsten Ziel.

Mitunter sind es auch nur scheinbare Kleinigkeiten, die uns behindern. Das kann zum Beispiel unsere Empfindlichkeit sein. Durch unsere Empfindlichkeit können wir neue Hindernisse errichten und den Weg zum HOHEN SELBST erschweren oder gar blockieren. Doch auch die Empfindlichkeit lässt sich durch entsprechende Erkenntnis auflösen.

Es kommt aber nicht nur darauf an, den Weg einmal frei zu machen, sondern ihn auch frei zu halten. Das heisst, dafür zu sorgen, dass nicht neue Hindernisse entstehen, sobald die vorhandenen ausgeräumt sind. Hilfreich ist hier eine einfache Gewohnheit, nämlich jeden Abend vor dem Einschlafen den Tag noch einmal Revue passieren zu lassen und die einzelnen Ereignisse zu überprüfen, ob sie eventuell noch nicht ganz verarbeitet sind und gegebenenfalls diese Verarbeitung dann vorzunehmen, bis man sie gelöst loslassen kann und beruhigt einschläft.

Das gleiche wiederholen Sie jeden Morgen. Sie überlegen, welche Situationen heute auf Sie zukommen könnten und wie Sie sich idealerweise verhalten wollen. Erleben Sie dieses ideale Verhalten in allen Einzelheiten verbunden mit einem Gefühl der Freude und Dankbarkeit, dass Sie erkennen, was zu tun ist, und dass Sie dieses erwünschte Verhalten so entsprechend vorbereitet haben. Gehen Sie also vorbereitet in jeden Tag und prüfen Sie abends, inwieweit es Ihnen gelungen ist, sich nach Ihren Wünschen zu verhalten.

Eventuell unerwünschte Verhaltensweisen können so bei der Überprüfung «mental umerlebt» werden. Das heisst, Sie stellen sich vor, wie Sie sich hatten verhalten wollen und «erleben» in der Vorstellung nun noch einmal das erwünschte Verhalten. Wenn Sie dieses erwünschte Verhalten mit einem Gefühl der Freude verbinden, wird Ihr NIEDERES SELBST registrieren, dass Ihnen dieses Verhalten angenehmer und erwünschter ist, und in Zukunft eher so reagieren.

Wichtig ist, dass dies zu einer absoluten Gewohnheit wird. Also unter allen Umständen wirklich jeden Abend und Morgen durchführen, zumal es kaum Zeit braucht. Der Fortgeschrittene wird dabei nicht einmal bis zum Abend warten, um eine unerwünschte Situation zu bereinigen, sondern wird das jeweils sofort tun. Wenn Sie sich die Hände schmutzig gemacht haben, warten Sie ja auch nicht bis zum Abend, sondern reinigen sie sofort. So sollten Sie auch geistig die Dinge sofort «bereinigen».

EMPFINDLICHKEIT

Ich erkenne, dass Lob oder Kritik an mir immer nur die Meinung eines anderen darstellt, und die kann richtig oder falsch sein.

Wenn sie richtig ist, dann bin ich dem anderen dankbar, dass er mich darauf aufmerksam gemacht hat und mir so Gelegenheit gibt, an mir zu arbeiten und mein Bewusstsein zu erweitern – mich zu verbessern, besser Falsches oder Unerwünschtes loszulassen.

Ist es aber falsch, was er mir vorwirft, dann habe ich erst recht keinen Grund, ihm böse zu sein, denn er hat sich einfach nur geirrt, und jeder Mensch hat das Recht, sich zu irren. Lobt er mich aber, so freue ich mich, dass er eine so gute Meinung von mir hat, aber ich weiss natürlich, dass auch dadurch keine neue Wirklichkeit geschaffen wurde, auch das Lob ist nur die Meinung eines anderen über mich, die ich gelassen hinnehme!

Ob also jemand Lob oder Kritik äussert, ich verhalte mich gleich gelassen und prüfe nur objektiv, ob und welche Konsequenzen ich daraus ziehen will, ziehe diese und lasse die Situation wieder los. Diese Reinigung muss ständig erneuert werden, damit die Leitung zum HOHEN SELBST frei bleibt.

Tun Sie eine gute Tat, bevor Sie sich mit einer Bitte an das HOHE SELBST wenden. Damit überzeugen Sie Ihr NIEDERES SELBST, dass Sie alles getan haben, um die Erfüllung Ihres Wunsches auch wirklich zu verdienen. Diese Tat sollte der Grösse Ihres Wunsches entsprechen.

Warten Sie, bis alle ablenkenden Gedanken aufgelöst sind und Sie ein starkes Gefühl der Liebe und Verbundenheit zu Ihrem HOHEN SELBST spüren. Um Blockierungen schnell zu beseitigen, bitten Sie das HOHE SELBST um «Führung, Schutz und

Hilfe». Am besten lassen Sie sich den genauen Weg zum Freimachen der Leitung vom HOHEN SELBST zeigen.
Die Leitung wird blockiert durch:

1. Bewusste oder unbewusste Schuldgefühle
2. Vagabundierende Erinnerungen (Fixationen)

Sie können auch das NIEDERE SELBST bitten, Ihnen ein Bild der Ursache der Blockade zu geben.

Die Lösung tief sitzender Blockaden erfordert meist viel Zeit. Haben Sie also Geduld. Wenn das MITTLERE SELBST eine falsche Denk- oder Verhaltensweise eingesehen hat, heisst das nicht, dass auch das NIEDERE SELBST diese Einsicht hat. Es braucht dazu meist mehr Zeit. Wenn eine Blockade aufgelöst wird, so ist die dadurch gebundene Energie frei. Das NIEDERE SELBST muss laufend alle Blockaden mit Energie versorgen, wodurch manche Menschen ständig müde sind, weil die vielen Blockaden zuviel Energie verbrauchen.

Auch aus diesem Grund ist es ratsam, die Vergangenheit zu «bereinigen» und sich von allen unerwünschten Verhaltensweisen zu befreien. Dazu brauchen Sie Selbstbeherrschung und Gedankendisziplin, und die Folge ist innere Harmonie, Gelassenheit und Glück.

Wahre Selbstbeherrschung heisst, dem HOHEN SELBST die Herrschaft zu übergeben und sich von ihm in Harmonie durch die Aufgaben des Lebens führen zu lassen.

Tagesrückschau

Ich erkenne: Das Aussen ist ein Spiegelbild meiner Innenwelt. Denn mein Verhalten gestaltet meine Verhältnisse. Gefällt mir aussen etwas nicht, ist in mir etwas nicht in Ordnung, und nur dort kann ich es ändern.

Jeden Abend lasse ich den Tag noch einmal vor meinem geistigen Auge vorüberziehen und frage mich:

Was habe ich heute gesagt und getan? Was davon war wichtig, was unwichtig? Was wollte ich erreichen, was habe ich erreicht? Was war so richtig, was war falsch? Wie hätte es richtig sein sollen? (Mental umerleben und zu einem «imaginären Erfolgserlebnis» machen). Auch falsche Gefühle müssen korrigiert werden.

Psychohygiene: Ich versöhne mich mit allen Menschen, mit denen ich derzeit nicht in Harmonie bin. Ich versöhne mich vor allem mit mir und nehme mich so an, wie ich derzeit noch bin, aber ich bemühe mich zu werden, wie ich sein sollte. Ich distanziere mich bewusst von allem Negativen, wende mich innerlich ganz dem Positiven zu und bejahe es. Ich erkenne bewusst, wieviel Grund ich habe, glücklich zu sein, und bin dankbar dafür.

Vor dem Einschlafen lasse ich bewusst den Tag los, nachdem ich ihn so «bereinigt» habe, und freue mich auf einen neuen Tag,

AUF MORGEN

MORGENVORSCHAU

Ich erkenne: Dass ich diesen Tag nicht mit den Scherben von gestern beginnen möchte. Ich öffne mich ganz den Möglichkeiten, die mir dieser Tag bietet, und bin bereit, mein Bestes zu geben.

Ich frage mich jeden Morgen: Was will ich heute erreichen? Wie erreiche ich es am besten? Was will ich auf jeden Fall vermeiden? Wie möchte ich mich verhalten? Welche Situationen oder Begegnungen habe ich heute zu erwarten? Mental voraus-erleben und zu einem «imaginären Erfolgserlebnis» machen und damit als Programm speichern. So setze ich erwünschte geistige Ursachen.

Mehrmals täglich stelle ich mir in der Imagination vor: Licht und Gesundheit durchströmen mich. Kraft und Harmonie erfüllen mich. Was ich tue, das tue ich ganz. Ich stelle einen Wächter vor das Tor zu meinem Unterbewusstsein, der nur Gutes herein, aber auch nur Gutes herauslässt. So wird nur noch erwünschte Zukunft verursacht, und mein Leben wird immer schöner.

Ich danke immer wieder für das viele Gute, das ich schon habe, und gehe froh und sicher

DURCH DEN TAG!

3. Schritt – Die Gedankenform

Nach der Reinigung entscheiden Sie zunächst einmal, worum Sie bitten wollen, und geben Sie Ihrer Bitte eine genaue bildhafte Form. Dabei müssen Sie alles bereits verwirklicht sehen, worum was Sie bitten wollen. Beginnen Sie daher immer zunächst mit einem leichten Anliegen. Lernen Sie, bildhaft gesprochen, zunächst kriechen, dann gehen und schließlich laufen. Überprüfen Sie dann noch einmal sorgfältig das Bild und vergewissern Sie sich, daß keine Veränderung mehr erforderlich ist. Prägen Sie sich das Bild so gut ein, daß Sie es jederzeit vor Ihr geistiges Auge rufen können.

Geben Sie Ihrem Wunsche nun auch eine möglichst präzise Form in Worten, wobei Sie so wenig Worte wie eben möglich verwenden sollten. Vergewissern Sie sich, daß diese Worte in keinem Punkt im Gegensatz zu der bildhaften Form Ihres Wunsches stehen. Prägen Sie sich dann auch die Worte sorgfältig ein.

Werden Sie sich über alle Konsequenzen des neuen Zustandes klar und prüfen Sie gründlich, ob die Erfüllung wirklich für alle Beteiligten von Vorteil ist und ob Ihr Wunsch nicht gegen das geistige Grundgesetz der KAHUNAS verstößt, das lautet: «Verletze niemanden».

Als reiner Beobachter erkenne ich zunächst einmal ganz klar die Situation. Ich nehme wahr, was ist und was sein soll. Dann gehe ich in die Stille und bitte in der Stille oder in der Meditation um innere Führung, damit ich auch das richtige Ziel wähle, bis ich die Gewissheit habe, dass es für mich und andere so am besten ist.

Ich kläre dabei auch, ob ich überhaupt ein Problem habe, oder ob ich nur eine falsche Einstellung zu den Umständen und Menschen habe, oder ob ich selbst das Problem bin und an mir arbeiten muss, nicht an den Umständen.

Es kommt auf den Standpunkt an, ob ich überhaupt ein Problem haben kann.

Ich erkenne: Ich bin eine ewig lebende Seele.

Dieses Leben ist nur eines von unzähligen, in denen ich immer neue Erfahrungen machen werde. Dieses Problem ist nur eines von unzähligen, die ich bereits gelöst habe und noch lösen werde.

In ein paar Tagen, Wochen, spätestens in ein paar Jahren wird es vergessen sein - unwichtig geworden - gelöst sein. Warum also soll ich mich jetzt darüber auflegen.

Ich weiss, dass es der Zweck des Lebens ist, mich ständig mit neuen Schwierigkeiten zu konfrontieren, und dass es der Sinn des Lebens ist, diese Schwierigkeiten optimal zu meistern und daran zu wachsen und zu reifen.

So entwickle ich eine ganz neue Einstellung zu Schwierigkeiten. Ich suche und finde in aller Ruhe die beste Lösung, führe sie durch und bin bereit, die nächste Aufgabe zu lösen.

Ich bestimme dann genau, was erreicht werden soll, und lege die Reihenfolge der Teilziele fest. Ich prüfe noch einmal, ob ich das wirklich will, und frage mich, warum ich das will, was bin ich bereit, dafür zu tun, und reicht das aus, um das Ziel sicher zu erreichen?

Ich fühle mich wert, Erfüllung zu empfangen, und identifiziere mich mit dem erwünschten Endzustand. Ich empfinde, wie ich mich dann fühle, aber auch, welche Verantwortung sich aus der Erfüllung für mich ergibt. In einer Aktion gebe ich auch nur Gedankenformen weiter, die zusammengehören, die einen bestimmten erwünschten Endzustand verursachen. Ich halte mir noch einmal vor Augen, dass ein Durcheinander von verschiedenen Gedankenformen auch nur ein Durcheinander verschiedener Wirkungen verursachen kann, und schaffe klare, präzise Gedankenformen.

Dann formuliere ich das geklärte, erwünschte Endergebnis in Wort und Bild und sehe es deutlich vor mir. Ich sehe und erlebe mich in der Erfüllung. Meine Formulierungen sind immer positiv und in der Präsensform. Sie enthalten keine Absichtserklärungen, wie: «Ich will, möchte, werde...» und keine Verneinungen, wie: «Ab sofort habe ich nie mehr Kopfschmerzen». Ich wende mich also stets vertrauensvoll dem Guten zu, das jetzt kommt, und denke nicht an das Übel, das verschwinden soll.

Wenn ich keine speziellen Wünsche mehr habe oder mir verwirklichen möchte, kann ich auch allgemeine Bitten hochgeben. Hier ein Beispiel:

«Ich bitte um Hilfe für alle, die mich verletzt oder bekümmert haben, für die ich Zielscheibe ihres Zorns oder ihrer Aggressionen war. Ich vergebe ihnen in Liebe und bitte darum, sie wieder zur Harmonie zu führen.

Falls ich heute bewusst oder unbewusst, in Gedanken, Worten oder Taten einen anderen gestört haben sollte oder ihm nicht geholfen habe, obwohl ich es gekonnt hätte, und ganz gleich, ob er mich darum gebeten hat oder nicht, so bitte ich um Verzeihung und Hilfe dafür, dass ich es von nun an besser mache.

Komm herein durch die Tür, die ich nun weit öffne, und hilf mir, Deine Vollkommenheit immer vollkommener zum Ausdruck zu bringen. Erfülle mich mit Deinem Licht, bis ich selbst zum Licht geworden bin. Und dafür danke ich Dir.»

4. Schritt – Anhäufung von MANA

Bitten Sie nun das NIEDERE SBLBST, eine starke MANA-Ladung in Ihrem Körper anzuhäufen. Übernehmen Sie dabei die Kontrolle über die Atmung und atmen Sie tiefer und schneller, wobei Sie sich eine anstrengende Tätigkeit vorstellen oder diese Tätigkeit sogar in einigen Bewegungen ausführen (laufen, rudern, tanzen). Sie spüren dann bald, wie sich Ihr Schattenkörper (Ätherleib) mit MANA füllt. Fahren Sie mit der tiefen Atmung solange fort, bis Sie merken, dass der Schattenkörper ganz mit MANA gefüllt ist. Manche spüren dies als Wärme, andere als Druck oder Kribbeln.

Noch besser ist es, wenn Sie dann noch weiter laden und mit jedem Atemzug nur den Überschuss an MANA hochfliessen lassen, und zwar so lange, wie noch MANA hochfliesst. Auf diese Weise können Sie beliebig lange MANA fliessen lassen und auch für eine umfangreiche Bitte das benötigte MANA in einer

AKTION hochgeben. Ausserdem entladen Sie nicht Ihren Schattenkörper, so dass Sie selbst auch nach der Aktion frisch und gestärkt sind. Setzen Sie das so lange fort, bis der Fluss stockt und kein weiteres MANA mehr angenommen wird.

5. Schritt – Senden der Bitte zum HOHEN SELBST

Schicken Sie nun die vorbereiteten Gedankenformen Ihrer Bitte entlang der AKA-Schnur, mit der Bitte um Erfüllung und versehen mit der MANA-Ladung, über das NIEDERE SELBST zum HOHEN SELBST.

Konzentrieren Sie sich dabei ganz auf die Vorstellung, dass Sie sich oben am Scheitel öffnen und MANA über die AKA-Schnur zum HOHEN SELBST fliessen kann. Spüren Sie das Fliessen. Dabei wiederholen Sie die Bitte mehrmals in Wort und Bild und warten, bis der MANA-Fluß aufhört. Sprechen Sie den Wortlaut lhrer Bitte mehrmals hörbar aus, während Sie sich auf das vorbereitete Bild konzentrieren und es möglichst lange vor Ihrem geistigen Auge festhalten.

Bitten Sie das HOHE SELBST, das MANA zur Erfüllung Ihrer Bitte anzunehmen.

Identifizieren Sie sich ganz mit dem erwünschten Endzustand. Sehen und erleben Sie sich in der Erfüllung und fühlen Sie sich wert, Erfüllung JETZT zu empfangen. Erleben Sie sich als Einheit mit dem HOHEN SELBST, während Sie die Bitte hochgeben, und spüren Sie, wie die Vollkommenheit des HOHEN SELBST, während Sie die Bitte hochgeben, Ihr Wesen durchlichtet, bis jede einzelne Zelle Ihres Körpers erfüllt ist von seinem Licht.

6. Schritt – Die Konzentration

Konzentrieren Sie sich ganz auf Ihre Meditation. Meditieren Sie lange genug über das HOHE SELBST, bis Sie in sich ein starkes Gefühl der Liebe, des Vertrauens und der Zuversicht spüren.

Schwächen Sie das gute Ergebnis Ihrer Meditation nicht durch Gedanken des Zweifels und der Unsicherheit. Entfernen Sie alle ablenkenden Gedanken aus Ihrem Bewusstsein.

Das Geheimnis der Konzentration besteht darin, im kleinsten Punkt die grösste Kraft zu sammeln, also unsere ausschliessliche Aufmerksamkeit einer einzigen Sache zu widmen. Das praktische Studium der Konzentration eröffnet uns dabei nicht nur Einfluss auf die Welt der Wirkungen, sondern auch die Möglichkeit, beliebige Ursachen zu setzen und so die erwünschten Wirkungen hervorzubringen. Damit, und nur damit, befreien wir uns aus der Sklaverei der Folgen unbeherrschter Gedanken und Gefühle.

Wenn Ihre Gedanken bei einer Aktion abschweifen, sollten Sie herausfinden, ob es Ihnen eventuell an Motivation und Interesse für die angestrebte Sache fehlt oder ob doch noch Blockaden und Hindernisse vorhanden sind, und diese abbauen.

Hier die vier Schritte zur optimalen Konzentration:

1. Leermachen von allen unerwünschten Gedanken oder Bildern. Lernen, die Gedankenmaschinerie wirklich zu beherrschen.
2. Sich erfüllen mit dem gewünschten Gedankeninhalt, bis einfach kein Raum mehr ist für einen anderen, ablenkenden Gedanken.

3. Das Festhalten des gewünschten Gedankeninhaltes durch «pulsierende Imagination», also das Bild einige Sekunden festhalten und loslassen, bevor es von selbst geschieht, und sich dann sofort wieder darauf konzentrieren .

4. Die begleitende Emotion. Sie ist die «Lautstärke» der Sprache des Unterbewusstseins. Gefühle der Freude und Dankbarkeit sollten die Konzentration begleiten.

Hilfreich ist auch die Suggestion:

«Ich konzentriere mich immer ganz auf das, was ich gerade tue, und jedes Geräusch vertieft meine Konzentration».

Denken Sie auch daran, dass Konzentration das Gegenteil von Anspannung ist. Immer wieder kommt jemand und sagt: «Ich kann mich nicht konzentrieren, dabei gebe ich mir solche Mühe». Konzentration ist ein ganz natürlicher Zustand und weit entfernt von jeder Mühe. Es ist mehr ein natürliches Geschehenlassen, ein gedankliches Versinken in eine Sache meines Interesses.

Ich entspanne mich also, lasse bewusst mein kleines Ich los und wende mich dem Einen zu. Ich sammle die Vielfalt meiner Gedanken und richte sie ganz auf den Einen. Ich vergesse meinen Körper und den unerwünschten Zustand und erfülle mein Bewusstsein mit der Gegenwart des HOHEN SELBST und übergebe ihm vertrauensvoll mein Bild des erwünschten Endzustandes. Ich halte dieses Bild in meinem Bewusstsein fest, sehe es klar vor mir und fühle mich wert, die Erfüllung jetzt zu empfangen.

Schlafen Sie auch nicht ein, bevor die Meditation abgeschlossen ist. Es könnte sonst sein, dass sich andere Gedankenformen mit Ihrem Wunsch vermischen und so das Ergebnis verhindern oder es zumindest verändern.

Danken Sie dem HOHEN SELBST, dass es das MANA zur Erfüllung Ihrer Bitte angenommen hat. Danken Sie nun auch dem NIEDEREN SELBST für seine Mitarbeit und die MANA-Produktion, und bitten Sie es, eine kleine Ladung MANA für den laufenden Bedarf nachzuladen, damit Sie sich auch nach der HUNA-Meditation frisch fühlen.

Je mehr Sie Ihr Bewusstsein erweitern, desto machtvoller werden Ihre Gedanken und desto leichter und schneller tritt die Erfüllung in Erscheinung. Je grösser die Kaft ist, die Sie in Bewegung setzen, desto grösser ist aber auch Ihre Verantwortung. So zieht ein falscher Gedanke, der früher wenig ausgemacht hätte, nun ernste Folgen nach sich.

So achten Sie immer mehr darauf, dass jeder Ihrer Schritte mit den geistigen Gesetzen übereinstimmt und wirklich zu dem erwünschten Ziel führt, denn wir sind erst erfüllt, wenn wir unsere Bestimmung erfüllen. Sie konzentrieren sich auf das Einssein mit der einen Kraft und handeln auch aus diesem Einssein. Ihre Aktion ist ein Teil dieser allumfassenden Harmonie und Ordnung.

Wenden Sie sich dann gedanklich anderen Dingen zu, aber bleiben Sie entspannt, bis der REGEN DES SEGENS kommt. Sie spüren ihn ganz deutlich als ein Kribbeln oder als Gänsehaut im Nacken und Rücken. Mitunter wird es Sie sogar richtig durchschütteln.

Hier nun noch einige Übungen zur Vorbereitung und Steigerung der Konzentration. Konzentration ist nicht zu lehren, wohl aber zu lernen, und zwar ausschliesslich durch entsprechende Übungen und regelmässiges beharrliches Wiederholen dieser Übungen. Bei Konzentrationsschwäche hilft es nicht, sich zur Konzentration zwingen zu wollen, sondern nur Geduld und Ausdauer beim Üben.

Am leichtesten fällt uns die Konzentration auf Aktivitäten, die uns Freude machen. Dazu kann gehören, Musik zu hören, die beruhigt, entspannt und zur Sammlung verhilft. Denken Sie nur an die «konzentrative Entspannung» in einem Konzert.

Eine andere Möglichkeit ist, etwas Handwerkliches zu tun, Bastel-, Reparatur- oder Gartenarbeiten. Sollten doch einmal die Gedanken abirren, dann genügt es, sie beharrlich wieder auf die Tätigkeit zurückzuführen.

Hier eine Übung, innerhalb von zwei bis drei Minuten die innere Ruhe wiederherzustellen, wenn Sie nervös sind.

Lesen Sie zwei Zeilen eines beliebigen Buches ganz langsam. Worauf es ankommt, ist so langsam zu lesen, dass Sie für jede Silbe drei bis fünf Minuten Zeit brauchen. Dabei ist es wichtig, dass Sie wirklich so lange nur diese eine Silbe anschauen und nicht schon mit den Augen voreilen. Am besten, Sie lesen diese Silbe jeweils laut oder halblaut, weil das die Konzentration erleichtert.

Ihr Intellekt wird mit Sicherheit gegen diese Übung revoltieren und Sie zu zwingen versuchen, doch schneller zu lesen. Sie müssen also ganz eisern bleiben und etwa zwei bis drei Minuten fortfahren, so langsam zu lesen. Nach etwa dreissig Sekunden bricht der innere Widerstand zusammen, und Sie spüren auf einmal eine sich vertiefende innere Ruhe, die wohl mit keiner anderen Übung so schnell und auch so zuverlässig erreicht werden kann. Lesen Sie trotzdem zwei bis drei Minuten so langsam weiter, bis sich diese Ruhe genügend stabilisiert hat.

Hier eine zweite Übung, um die innere Ruhe herzustellen. Auch diese Übung ist vielfach erprobt und trotz ihrer Einfachheit, oder vielleicht sogar gerade deswegen, absolut zuverlässig.

Hierbei nehmen Sie sich ein Blatt Papier und einen leicht schreibenden Kuli oder Bleistift, schreiben das, was Sie erreichen wollen, auf das Blatt Papier und beginnen dann linksherum Kreise um dieses Wort zu ziehen, ohne den Kuli dabei abzusetzen. Es ist eine endlose kreisförmige Linie, die Sie um die Beschreibung des erwünschten Zustandes ziehen. Lassen Sie sich nicht von der Einfachheit der Übung abhalten, denn wirklich Geniales ist immer auch einfach. Auch hier kommt es darauf an, wirklich einige Minuten fortzufahren und dabei die bewussten

Gedanken völlig abzuschalten. Sie sehen nur auf die Worte in der Mitte des Kreises und fahren fort, diesen Kreis endlos zu verlängern. Nach einigen Minuten ist Ihre Ruhe so stabilisiert, dass Sie sich der eigentlichen Aufgabe zuwenden können.

Nachdem Sie mit Hilfe der vorhergehenden Übungen die innere Ruhe hergestellt haben, hier nun eine Übung, um die Vielfalt Ihrer Gedanken auf einen Punkt zu konzentrieren.

Dabei schauen Sie einfach einen beliebigen Punkt in Augenhöhe gegenüber an und tun dies ganz bewusst. Dabei lassen Sie jeden anderen Gedanken los und konzentrieren sich ganz auf diesen einen Punkt. Kommt ein anderer Gedanke, so sagen Sie sich innerlich: «Später, jetzt sehe ich nur diesen Punkt - ich konzentriere mich ganz auf diesen Punkt - nichts sonst ist wichtig - ich sehe nur noch diesen Punkt».

Anfangs werden immer wieder ablenkende Gedanken kommen, aber Sie entscheiden, diese nicht aufzugreifen und Ihr Bewusstsein ganz auf diesen einen Punkt zu richten. Allmählich werden die ablenkenden Gedanken immer seltener, bis sie eines Tages ganz ausbleiben.

Sie haben so die Vielfalt Ihrer Gedanken auf einen Punkt konzentriert und brauchen nur noch die Augen zu schliessen und Ihre Gedanken auf die erwünschte Sache zu lenken. Es ist nichts mehr da, was Sie ablenken könnte. Sie haben die Vielfalt Ihrer Gedanken so wirklich auf einen Punkt konzentriert.

Eine andere Übung, die etwas mehr Geduld erfordert, vertieft Ihr Konzentrationsvermögen in einem ganz unglaublichen Masse, wenn Sie sie beharrlich und regelmässig ausführen.

Bei dieser Übung machen Sie mit der rechten Hand eine lockere Faust und legen diese mit dem Handrücken auf den Tisch oder Ihr Bein oder auf die Stuhllehne. Nun schauen Sie den Daumen an und versuchen, den Daumen so langsam zu öffnen, dass Sie die Bewegung mit dem Auge nicht erkennen können. Das geht nur, wenn Sie ganz entspannt sind und ruhig und gleichmässig atmen. Bei dieser Konzentrationsübung wird also die «konzentrative Entspannung geübt und eine falsche, verkrampfte Art, sich zu «konzentrieren», abgebaut.

Beobachten Sie den Vorgang des Öffnens mit Ihrer ganzen Aufmerksamkeit, so als sei dies die wichtigste Sache der Welt, bis Sie den Daumen ganz geöffnet haben. Nun schliessen Sie ihn wieder auf die gleiche Weise so langsam, dass Sie keine Bewegung feststellen können. Diese Übung führt in einigen Wochen zu einer selbstverständlichen Fähigkeit zur Konzentration, so dass Sie ganz von selbst in jede Tätigkeit geradezu versinken.

Sie führt auch zu der Fähigkeit, allerdings erst nach einigen Monaten, Herr Ihrer Gedanken zu werden. Sie entscheiden, welchen Gedanken Sie aufgreifen und welchen Sie fahren lassen. Es ist so, als ob Sie auf einer Autobahnbrücke stehen. Unter Ihnen fahren ständig andere Autos vorbei. Sie lassen sie fahren, ohne sie besonders zu beachten, Sie nehmen sie nur wahr. Bis ein Auto kommt, das Sie interessiert. Dem schauen Sie nach und befassen sich bewusst damit - die anderen lassen Sie fahren. Genauso sollten Sie lernen, mit Ihren Gedanken umzugehen und nur die erwünschten aufzugreifen. Dann sind Sie Herr Ihrer Gedanken.

7. Schritt - Die tägliche Meditation

Tief in jeder Menschenseele liegt das Bedürfnis, mit dem höchsten Bewusstsein in Kontakt zu treten und mit der Schöpfung in Harmonie zu leben. Das gelingt in dem Masse, wie wir uns bemühen, unser unvollkommenes Sein loszulassen und unser HOHES SELBST durch uns wirken zu lassen. Es ist immer bereit dazu, und wir sind ihm immer gut genug, wenn wir es nur zulassen und nicht behindern. Wahre HUNA-Meditation ist ein bewusstes Ausbreiten der innersten Gedanken und Gefühle vor dem HOHEN SELBST. Das können Wünsche sein, aber auch Einsichten, hilfreiche Erfahrungen oder Gefühle der Geborgenheit und Dankbarkeit.

Meditation ist ein ständiges Verweilen auf dem Gegenstand, der verwirklicht werden soll. Meditation ist nicht eine Form von zielgerichtetem Denken. Manche sagen: «Ich will darüber einmal meditieren» und meinen: «Ich will darüber einmal gründlich nachdenken». Meditation ist keine Übung im logischen Denken oder eine neue Art, Probleme zu lösen, aber auch kein Weg, sich aus dem Leben und der damit verbundenen Verantwortung zurückzuziehen. Meditation ist weniger eine bestimmte Handlung als vielmehr eine geistige Haltung. Sie ist auch nicht abhängig von einer bestimmten Tageszeit oder einem bestimmten Ort noch von einer besonderen äusseren Haltung, obwohl ein äusseres Ritual hilfreich sein kann zur Einstimmung, weil das NIEDERE SELBST dann genau weiss, was von ihm nun erwartet wird, und es sich nicht anderen Aktivitäten zuwendet oder ziellos umherschweift.

Vorausgehendes Fasten, verbunden mit dem aufrichtigen Bemühen, seine Mängel und Fehler zu beseitigen, anderen zugefügtes Leid wieder gutzumachen und zu allen wirklich liebevoll zu sein, überzeugt das NIEDERE SELBST mehr als schöne Worte. Glaube ohne Werke bleibt wirkungsschwach.

Ein Schüler fragt den Meister

«Zeig mir einen Erleuchteten». Der Meister schickt ihn zu seinem König. Der Schüler fragt den König: «Wie machst du das, stets im höchsten Bewusstsein zu bleiben?» Der König sagt: «Ich will es dir verraten, aber zuvor musst du eine Prüfung ablegen. Fülle eine Schale mit Wasser und trage sie auf dem Kopf einmal um meinen Palast. Wenn du verschüttest, lasse ich dir den Kopf abschlagen, wenn du es schaffst, will ich dir mein Geheimnis verraten.»

Der Schüler wollte das Geheimnis um jeden Preis erfahren und machte sich auf den Weg. Der Scharfrichter ging einen Schritt hinter ihm mit blankem Schwert und überwachte die Probe.

Der Schüler konzentrierte sich in der Todesgefahr aufs Äusserste und schaffte es, ohne auch nur einen Tropfen zu verschütten. Erleichtert ging er zum König und sagte: «König ich habe die Probe bestanden, sage du mir nun, wie du es machst.»

Der König antwortete: «So wie du eben, nur ständig!»

Wiederholen Sie Ihre HUNA-Meditation täglich, bis Ihr Wunsch Realität geworden ist, aber machen Sie dem HOHEN SELBST möglichst keine Vorschriften, wie und in welcher Zeit es den gewünschten Zustand herbeiführen soll. Das HOHE SELBST kennt die verschiedenen Möglichkeiten, den Wunsch zu erfüllen, besser.

Schicken Sie also täglich eine neue Ladung MANA, da eine Ladung oft nicht ausreicht, um Ihren Wunsch Wirklichkeit werden zu lassen. Vergessen Sie die tägliche Bitte um Führung und Schutz nicht.

Wenn Sie jedoch das HOHE SELBST bitten, Sie vor den unvermeidlichen Folgen des eigenen Fehlverhaltens zu bewahren, werden Sie vergeblich bitten, denn man kann nicht für ein Fehlverhalten eine Belohnung erwarten, und eine negative Ursache kann keine positive Wirkung hervorbringen.

Bitten Sie in einer Aktion auch nur um eine Sache. Wenn Sie sich jedoch mehrmals am Tag an das HOHE SELBST wenden möchten, sollte mindestens eine Stunde zwischen den einzelnen Aktionen liegen. Ein Wirrwarr von Gesuchen kann auch nur ein Durcheinander oder gar kein Ergebnis zur Folge haben. Lassen Sie während der Meditation in sich nur Bilder des erwünschten, nicht jedoch des derzeitigen oder befürchteten Zustandes aufkommen, weil Sie sonst Ihrem Wunsch die Gestalt des derzeitigen oder unerwünschten Zustandes geben und sich nichts ändert, oder Sie sogar das Befürchtete mit Hilfe des HOHEN SELBST herbeiführen.

Der Erfolg der Aktion ist abhängig von der Konzentrationsfähigkeit Ihres Geistes, und die kann nur durch beharrliche Übung gesteigert werden. Daher ist die tägliche Meditation so wichtig. HUNA-Meditation ist eine erweiterte Konzentration, die sich nicht an Tatsachen orientiert, sondern neue Tatsachen schafft. Ohne Meditation erreicht die Botschaft nicht das HOHE SELBST, und ohne Konzentration kann sich die Kraft des MANA nicht in der Gedankenform des erwünschten Endzustandes sammeln.

Wenn Sie wirklich meditiert haben, dann sind Sie hinterher verwandelt. Ihr Bewusstsein ist erhoben, die Welt ist verwandelt, die Menschen besser, und Ihr eigenes Leben ist noch erfüllter. Wenn Sie nach der Meditation ein solches Gefühl haben, dann haben Sie wirklich meditiert.

8. Schritt – Die Unterstützung der Bitte durch eigene Bemühungen

Das HOHE SELBST ist jederzeit bereit, Ihnen zu helfen. Um einer Bitte zum Erfolg zu verhelfen, müssen jedoch die drei Selbste zusammenarbeiten. Tun Sie also selbst alles, um die Wunscherfüllung zu ermöglichen und zu unterstützen. Wenn Sie sich nur auf das Bitten beschränken und die eigentliche Arbeit dem HOHEN SELBST überlassen wollen, wird wahrscheinlich gar nichts geschehen.

Wenn Sie ernten wollen, müssen Sie auch säen, und wenn Sie einen Gewinn in der Lotterie haben wollen, müssen Sie sich ein Los kaufen. Die Ernte wird stets der Saat entsprechen.

Dazu gehört auch die gute Tat, die der Grösse des Wunsches entsprechen sollte, denn man kann nur nehmen, wenn man auch gibt, und zuerst kommt die Saat, dann die Ernte. Ich muss also dafür sorgen, dass ich nicht selbst ein Hindernis für die Erfüllung bin.

Die Meditation stärkt unser Vertrauen in die Gewissheit der Erfüllung, aber sie schärft auch die Sinne für die Wahrnehmung dessen, was wir zur Erfüllung beitragen können. Erkennen Sie also die Notwendigkeit, sich gewissermassen selbst als Opfer darzubringen. Dazu gehört die Vorbereitung durch KALA, die Arbeit an sich selbst, ein fester Glaube an die Gewissheit der Erfüllung und die liebevolle und hilfreiche Zuwendung zu unserem Nächsten.

Wenn ich um eine bessere Gesundheit bitte, kann es sein, dass mein Beitrag darin besteht, dass ich mir mehr Bewegung verschaffe, weniger und das Richtige esse, mit einem Wort, dass ich eigenes Fehlverhalten zunächst beseitige.

Was ich zur Erfüllung beitragen kann, ist natürlich auch die Wiederholung der Meditation. Ich wiederhole also den Schöpfungsakt, bis sich der erwünschte Endzustand manifestiert hat oder ich die innere Gewissheit der Erfüllung zu gegebener Zeit spüre.

Will ich Erfüllung haben, darf ich mich nicht in mein Kämmerlein einschliessen, sondern muss dem Schicksal die Hand reichen, und wenn ich ihm gleich beide Hände reiche, wird es schneller eine ergreifen.

9. Schritt – Die Bitte für andere

Denken Sie aber nicht nur an Ihren Vorteil, sondern schliessen Sie auch andere in Ihre Bitte mit ein, oder bitten Sie auch für andere. Das hat zur Folge, dass Sie sich damit auch das HOHE SELBST desjenigen zum Freund machen, für den Sie bitten.

Bringen Sie gewissermassen sich selbst als Opfer dar, indem Sie häufig auch eine Ladung MANA dem HOHEN SELBST als Geschenk senden, ohne damit eine Bitte zu verbinden. Es kann dann mit dieser Energie seine anderen Aufgaben auf dieser Ebene ausführen. DIENE, UM ZU VERDIENEN.

Dies ist eines der wichtigsten Geheimnisse, die Sie erfahren können, der Dienst am Nächsten, denn wenn Ihre Bitte die Hilfe für andere mit einschliesst, wird Ihre eigene Bitte schneller erfüllt. Denken Sie nur einmal daran, dass an allen Wallfahrtsorten gerade diejenigen Menschen besonders häufig auf wunderbare Weise geheilt wurden, die für andere um Hilfe und Genesung gebeten hatten.

Doch helfen Sie nicht nur denen, die Sie lieben, sondern auch Ihren Feinden. Erkennen Sie, dass es nur ein Leben gibt und nur eine Kraft, die Sie ebenso erfüllt, wie Ihren «Feind». Wir alle sind Kinder des einen Vaters, wie also könnten wir Feinde sein. Erst wenn Sie dies vermögen, stellen Sie die Harmonie umfassend in sich her, und die Erfüllung kann Ihnen ungehindert zufliessen.

Darüber hinaus sollte Ihre Bitte das Wohl der gesamten Menschheit einbeziehen. Diese Bitte für das allgemeine Wohlergehen aller Menschen können Sie jedem persönlichen Anliegen anfügen. Sobald Sie für einen anderen Menschen bitten, machen Sie sich sein HOHES SELBST zum Freund, und mit der Zeit haben Sie einen ganzen Kreis von Freunden in der Gemeinschaft der HOHEN SELBSTE.

10. Schritt – Abschluss der Meditation

Wenn Sie Ihre Bitte mehrfach wiederholt haben und der MANA-Fluss aufgehört hat, beenden Sie Ihre Meditation mit der Bitte um den «REGEN DES SEGENS».

Sehen Sie täglich in der Meditation die erwünschte Zukunft klar und deutlich vor Ihrem geistigen Auge und stärken Sie so die Gedankenformen der Bitte. Dabei senden Sie täglich einen neuen Vorrat an MANA zum HOHEN SELBST, bis Ihr Wunsch Realität geworden ist. Die KAHUNAS nennen dies «Die Saat giessen».

Nehmen wir uns täglich Zeit, um uns in stillem Frieden und Dankbarkeit dem Einen zuzuwenden und im Bewusstsein unseres wahren Wesens eins zu sein mit dem Einen, bis unser ganzes Leben Ausdruck dieser Einheit geworden ist.

Solange wir noch Wünsche haben, sollten wir den Schöpfungsakt der HUNA-Meditation täglich wiederholen, bis sich die Erfüllung manifestiert. Das ist keineswegs mangelnder Glaube, sondern vielmehr Beharrlichkeit im Glauben.

Glaube bedeutet absolute innere Gewissheit der Erfüllung. Erst der Glaube schaltet die Kraft ein, er zeigt, wieviel wir bereit und fähig sind, an Erfüllung anzunehmen. Wir erhalten nur soviel Erfüllung, wie wir annehmen können.

Wenn wir glauben, dass unser Gebet Erfüllung gefunden hat und im geistigen Bereich bereits geschehen ist, dann spüren wir ein starkes Glücksgefühl verbunden mit der absoluten Gewissheit, dass sich die Erfüllung nun auch in materiellen Bereich manifestieren muss.

Jeder Mensch glaubt. Doch je nach Art des Glaubens arbeitet dieser für oder gegen mich, denn die Kraft des Glaubens verwirklicht das, wovon ich im Innersten überzeugt bin. Auch wer nicht glaubt, der glaubt, nur eben das Falsche, das Gegenteil.

Glaube ist ein inneres gewiss Wissen, das nicht auf äusseren Beweisen ruht. Es ist ein inneres Erkennen der Wahrheit und Wirklichkeit. Wissen stellt Tatsachen fest, Glauben aber schafft Tatsachen durch dankbares Bejahen der inneren Wirklichkeit. Glaube ist daher der wichtigste Teil des Gebetes.

Letztlich beseitigt die Kraft des Glaubens alle Hindernisse und verwirklicht das, was ich im Innersten beharrlich gläubig bejahe, denn alle Dinge sind möglich, dem der glaubt.

Jesus sagt es: «Dir geschehe nach deinem Glauben». Auch das ist ein geistiges Gesetz, und uns allen geschieht ständig nach unserem Glauben. Sorgen wir also dafür, dass wir das Richtige glauben.

Seien Sie sicher, dass Sie erhalten, was Sie verursacht haben, und dass die Ernte in Qualität und Quantität der Saat entspricht. Bringen Sie die Ernte ein, aber vergessen Sie nicht zu danken. Zu danken für das Viele, das Sie schon besitzen, und für die Erkenntnis und Fähigkeit, die eine Kraft auf die Erfüllung Ihres Wunsches lenken zu dürfen.

Dankbarkeit ist der Anschluss an die Fülle der einen Kraft, der Türöffner für unseren Wohlstand. So wie ein Haus erst erleuchtet werden kann, wenn der Anschluss an das Elektrizitätswerk erfolgt ist, so kann sich Erfüllung erst dann voll manifestieren, wenn wir sie dankbar bejahen.

Wir sollten die Erfüllung aber auch dann dankbar bejahen, wenn sie nicht unserer Vorstellung entspricht, denn wir bekommen das, was wir brauchen, und das ist nicht immer identisch mit dem, was wir haben wollen .

Durch unsere Dankbarkeit zeigen wir, dass wir wirklich glauben und der Erfüllung gewiss sind. Erkennen wir auch dankbar, dass alles, was uns geschieht, zu unserem Besten dient, wenn es auch nicht immer angenehm sein mag. Wie oft zeigt sich, dass das, was wie ein Unglück aussah, in Wirklichkeit ein Segen war.

Die HUNA Meditation in Kurzfassung

Die Vorbereitung

In einem guten Buch lesen • gute Musik hören • die geistige Reinigung • Blockierungen lösen • Vertrauen fassen • die Gedankenform in Wort und Bild • beachten «Verletze niemanden» • die gute Tat als Akt des Vertrauens • Grösse sollte der Grösse des Wunsches entsprechen.

Die Durchführung

Entspannen Sie sich durch Yoga • Autogenes Training • Zen-Meditation usw.

Kontakt zu George (Unterbewusstsein, hier George genannt) Freundschaft schliessen • Namen geben • um Mitarbeit bitten, ev. Ursache der Blockade geben lassen • Ritual erfinden.

Die Mana Hochladung • George bitten, den Schattenkörper mit Mana aufzuladen • helfen durch Übernahme der Atmung (tiefer und schneller atmen) • Sportliche Tätigkeit vorstellen • Bewegung andeuten z.B. Rudern, Laufen, Tanzen, Gewicht heben usw. • spüren, wie Mana hochsteigt als Druck, kühle Flüssigkeit, Kribbeln usw.

Bitte hochschicken • Vorbereitete Gedankenform versehen mit Mana hochschicken - Mehrfach Bild deutlich vorstellen, dabei verbale Formulierung wiederholt sprechen oder denken – MANA hochfliessen lassen • nur eine Sache gleichzeitig • warten, bis Fliessen aufgehört hat • ev. nachladen und hochschicken.

Nicht ablenken lassen (Konzentration) • Ergebnis sicher erwarten • keine Zweifel, keine Unsicherheit aufkommen lassen • keine Vorstellungen des jetzigen Zustandes aufkommen lassen (wird sonst zum Wunsch • nicht einschlafen.

Der Regen des Segens • Abwarten, bis der Regen des Segens fällt • nicht erforderlich, darum zu bitten • spüren als Kribbeln, Wärme, Haare hochstellen, Durchschütteln • Meditation nach einigen Minuten beenden, auch wenn der Regen des Segens nicht kommt (kommt später).

Meditation klar beenden • dem HOHEN SELBST sagen: «Ich beende nun meine Meditation» • bedanken, dass Mana angenommen und Bitte erfüllt wurde • danken für den Kontakt und die Liebe • bei George bedanken für Mitarbeit und Mana • nachladen lassen für den täglichen Bedarf • nicht nötig, wenn nur Überschuss hochgeschickt wird.

Nach der Meditation • das Giessen der Saat • täglich eine Manaladung hochschicken mit Wiederholung der Bitte, bis diese erfüllt ist.

Eigene Bemühungen • auf der eigenen Ebene alles tun, um Bitte verwirklichen zu helfen (Boden vorbereiten • Bitte für andere oder Mana hochschicken ohne Bitte).

Zum Abschied

Wenn Sie die Anregungen dieses Buches in die Tat umsetzen, dann haben Sie in Ihrem NIEDEREN SELBST einen treuen Freund gefunden, der Ihnen unermüdlich zur Seite stehen wird. In Ihrem HOHEN SELBST aber haben Sie einen weisen Berater, der Ihnen seine überragenden Fähigkeiten in dienender Liebe zur Verfügung stellt und Ihnen hilft, die Schwierigkeiten des Lebens zu meistern.

Das wird Ihr ganzes Leben verändern. Von nun an sind Sie nie mehr allein.

Sie kennen nun das HUNA-Geheimnis. Welche Möglichkeiten sich hieraus für Sie und Ihr Leben ergeben, zeigt Ihnen vielleicht noch klarer das folgende Märchen:

Nach der Erschaffung der Welt versuchten die Götter zu entscheiden, wo sie die universelle schöpferische Kraft verstecken sollten, damit sie der Mensch nicht finden und zerstörerisch verwenden könne.

Ein Gott schlug vor, sie auf der Spitze des höchsten Berges zu verstecken, aber sie erkannten, dass der Mensch eines Tages auch den höchsten Berg ersteigen und die grösste Kraft des Universums finden würde.

Ein anderer Gott schlug vor, diese grösste Kraft auf dem Grund des tiefsten Meeres zu verstecken, aber wieder entschieden sie, dass der Mensch auch die tiefste Tiefe erforschen würde.

Ein dritter meinte, man solle die grösste Kraft in der Mitte der Erde verstecken, doch schliesslich erkannten sie, dass der Mensch schliesslich auch diese Region erforschen würde.

Da sagte der weiseste Gott: «Ich weiss, was zu tun ist. Lasst uns die grösste Kraft, die Kraft, die alles erschafft, tief im Innersten des Menschen selbst verstecken. Er wird niemals daran denken, dort danach zu suchen, bevor er reif dafür ist und seine Mitte gefunden hat.

Und so versteckten die Götter die alles erschaffende grösste Kraft des Universums in der Mitte des Menschen, und dort ist sie noch immer und wartet darauf, dass wir reif werden, sie in Besitz zu nehmen und zum Wohle aller anzuwenden.

DU BIST DAS LICHT — ALSO LEUCHTE!

Ich bin auf dem richtigen Weg

... wenn ich immer wieder mein Leben überschaue und prüfe, was zu ändern ist.

... wenn ich immer wieder in die Stille gehe, um mein Gemüt zu klären und meinen Blick für das Wesentliche zu schärfen.

... wenn ich erkenne, dass es nicht wichtig ist, an welchem Platz ich im Leben stehe, sondern nur, wie ich ihn ausfülle.

... wenn ich jedem Menschen gestatte, so zu sein, wie er nun einmal ist, und ihm von vornherein alles vergebe, was immer er auch tun mag.

... wenn ich erkenne, dass niemand mich ärgern, kränken, beleidigen, enttäuschen oder verletzen kann, nur ich selbst, und dass ich es jederzeit auch lassen kann.

... wenn ich in jedem Menschen die Wirklichkeit hinter dem Schein, die inkarnierte Gottheit, erkenne und achte.

... wenn ich aus meinem Leben einen Dienst am Nächsten mache und ohne mich einzumischen oder Aufheben der Gemeinschaft diene.

... wenn ich mich nicht mehr mit der Rolle identifiziere, die ich hier auf dieser Welt spiele, sondern meinem wahren Selbst die Herrschaft übergebe und mehr und mehr die Vollkommenheit meines wahren Seins in meinem Leben zum Ausdruck bringe.

... wenn ich die Gesetze des Lebens, die die grossen Meister überliefert haben, erkenne und beachte und so mein geistiges Erbe antrete.

... wenn ich meinen Körper als den Tempel Gottes rein halte und alles Tun als etwas Heiliges betrachte, so dass mein ganzes Leben zum Gebet wird.

... wenn ich erkenne, dass ich selbst mein Schicksal verursache und dass Gott will, dass ich gesund und glücklich bin.

... wenn ich erkenne, dass wir nicht für unsere Sünden bestraft werden, sondern von unseren Sünden, und dass es weder unverdientes Glück noch unverdientes Leid gibt, sondern nur Ursache und Wirkung.

... wenn ich in jeder Krankheit den Freund und Partner erkenne, der mir hilft zu verstehen, wo ich die Ordnung gestört habe, und diese Aufforderung dankbar nutze, die Ordnung wiederherzustellen und weitere Krankheit durch mein erhöhtes Bewusstsein überflüssig mache.

... wenn ich erkenne, dass der Mensch als Mitschöpfer berufen ist, und ich Gott bewusst durch mich wirken lasse.

... wenn ich meine Aufmerksamkeit mehr und mehr nach innen richte, auf die ewigen Werte, und danach trachte, sie zu mehren und gleichzeitig alles Äussere loslasse.

... wenn ich erkenne, dass der Tod die Krönung des Lebens ist und ich es selbst in der Hand habe, leicht zu sterben, indem ich vorher alles Äussere loslasse.

... wenn ich weiss, dass ich in Wirklichkeit reines Bewusstsein bin und daher weder geboren werden noch sterben kann. Welchen Tod also könnte ich fürchten?

... wenn ich erkenne, dass das, was wir ein Leben nennen, nur ein Tag meines ewigen Seins ist.

... wenn ich jeden Tag so lebe, als sei es mein letzter, und in jeder Minute bereit bin zu gehen.

... wenn ich auch meine äusseren Angelegenheiten so regle, dass mein Gehen anderen keine zusätzlichen Probleme schafft.

... wenn ich erkenne, dass selbst der Tod kein Übel ist und alles, was geringer als der Tod ist, gelassen hinnehme.

... wenn ich erkenne, dass der beste Weg, sich auf das nächste Leben vorzubereiten, ist, dieses Leben wirklich zu leben und den Augenblick zu erfüllen.

... wenn ich gleich beim Erwachen diesen Tag Gott weihe.

... wenn ich all das, was ich schon als gut und richtig erkannt habe, auch täglich praktisch lebe, anstatt es nur zu bewundern.

HUNA-GLOSSAR

AKA –	Schattenkörperstoff
AKA-Faden –	Verbindung aus Schattenkörperstoff
AKA-Schnur –	Verbindung zum HOHEN SELBST
AKUAHAIAMIO –	Der leise sprechende Gott Das HOHE SELBST als Gewissen
AUMAKUA–	HOHES SELBST
AU –	völlig erwachsen, völlig entwickelt, überlegen an Kraft, Weisheit, Vertrauenswürdigkeit
MA –	begleiten
MAKUA –	Vater
KALA–	Geistige Reinigung «Reinigung, die am Anfang steht» «Das Licht wiederherstellen»
KINO AKA –	Schattenkörper
MANA –	Vitalkraft des NIEDEREN SELBST
MANA-MANA –	Willensenergie des MITTLEREN SELBST
MANA-LOA –	Lichtenergie des HOHEN SELBST
MANA-O –	Denken
POE AUMAKUA	Gemeinschaft der HOHEN SELBSTE
UHANE –	MITTLERES SELBST
UNIHIPILI–	NIEDERES SELBST

LITERATURVERZEICHNIS

Sri Aurobindo
Stufen der Vollendung — O.W.Barth-Verlag

Paul Brunton
Das Überselbst
Die Weisheit des Überselbst — alle:
Der Weg nach innen — O.W.Barth-Verlag

Henry Th. Hamblin
In dir ist die Kraft — Bauer-Verlag

Max Freedom Long
Geheimes Wissen hinter Wundern
Kahuna-Magie — alle:
Selbstsuggestion und HUNA-Gebet — Bauer-Verlag

Marianne Streuer
Zauberformel Gedankenkraft — Ariston-Verlag

Dr.med. Karl P. Thoma
Heilwege der Seele — Drei Eichen Verlag

Unbekannter Verfasser
Das unpersönliche Leben — Verlag dem Wahren-Schönen-Guten

Dr. E. Otha Wingo
Briefe über HUNA — Verlag Elias Hanselmann

Heinrich Zimmer
Der Weg zum Selbst — Eugen Diederichs Verlag

Leserservice

Prof. Kurt Tepperwein persönlich erleben:

Wünschen Sie, tiefer in das Thema dieses Buches einzusteigen und die Chance zu nutzen, Prof. Kurt Tepperwein live zu erleben?

Wir bieten Ihnen die folgenden Seminare und Ausbildungen an:

Seminare:
- ❑ Mentalkybernetik
- ❑ Heile dich selbst
- ❑ Perlen der Weisheit
- ❑ Erfolgreiche Praxisführung
- ❑ Erfolg-reich-sein
- ❑ Optimales Selbstmanagement
- ❑ Atman (Durchbruch zur Wirklichkeit)
- ❑ Der Tepperwein-Prozess
- ❑ Märchenhaft leben
- ❑ Ferienakademien

Ausbildungen:
- ❑ Dipl. Lebensberater
- ❑ Dipl. Intuitions-Trainer
- ❑ Dipl. Bewusstseins-Trainer
- ❑ Dipl. Seminarleiter

Heimstudiengänge:
- ❑ Dipl. Lebensberater
- ❑ Dipl. Intuitions-Trainer
- ❑ Dipl. Erfolgs-Trainer
- ❑ Dipl. Mental-Trainer
- ❑ Dipl. Seminarleiter
- ❑ Dipl. Mental-Gesundheitsberater

Gesamtprogramm:
- ❑ Gesamtseminar- und Ausbildungsprogramm der IAW
- ❑ Neuheiten der Bücher, Audio- und Videoprogramme von Prof. Kurt Tepperwein

Sie erhalten Ihre gewünschten Informationen selbstverständlich kostenlos und unverbindlich bei:

Schweiz: Internationale Akademie der Wissenschaften (IAW)
St. Markusgasse 11 · FL-9490 Vaduz
Telefon 00423 / 233 12 12 · Fax 00423 / 233 12 14

Deutschland: Telefon / Fax 0911 / 69 92 47 (Beratungssekretariat)

Dazu ein persönliches Geschenk: Für Ihre Anfrage bedanken wir uns mit der 20-seitigen Broschüre von Prof. K. Tepperwein „Praktisches Wissen kurz gefasst". Bei der Anforderung bitte darauf hinweisen!

168 Seiten, broschiert,
€ [D] 11,90 / sFr 21,30
ISBN 3-89845-092-9

Kurt Tepperwein

Lebenskünstler leben leichter

In der Schule haben wir gelernt, wie lang der Nil ist, wir wissen, wer Goethe war und wir kennen das Einmaleins. – Aber eines hat man uns nicht beigebracht: wir selbst zu sein.
Erheben Sie sich jetzt über Ihr enges, begrenzendes „Ich“ – und erleben Sie ein Leben als „Selbst“! In einfachen Worten erklärt der Autor, wie Sie sich selbst die Krone aufsetzen und von nun an mit Hilfe der Techniken des Geistes endlich das Leben führen können, von dem Sie bisher nur geträumt haben. Denn: Viele Menschen interessieren sich zwar dafür, ob es ein Leben nach dem Tod gibt. Dabei ist es viel wichtiger, dafür zu sorgen, dass es ein Leben davor gegeben hat. Und genau aus diesem Grund sollten Sie dieses Buch zur Hand nehmen …

176 Seiten, broschiert
€ [D] 13,50 / sFr 24,50
ISBN 3-931652-93-9

Kurt Tepperwein

Sei Meister deines Lebens

Ein Übungsbuch

Als Meister unserer mentalen Kräfte können wir unsere Lebenskraft, unser „Chi“ gezielt entwickeln und einsetzen. Wir leben nicht mehr als „Ich“, sondern als „Selbst“ und erkennen, wie wir unser Karma ein für alle Mal auflösen können.
Kurt Tepperwein zeigt uns, wie wir die Techniken des Geistes – von der schöpferischen Imagination über die richtige Aufmerksamkeit bis hin zum Leben in kreativer Gelassenheit – anwenden können, um für unsere Gesundheit, unsere Lebensumstände und unsere materiellen Verhältnisse die positive Grundlage zu schaffen.

168 Seiten, broschiert
€ [D] 13,90 / sFr 25,10
ISBN 3-931652-68-8

Kurt Tepperwein

Erfolg Reich Sein

Die dreißig Schritte in ein erfolgreiches Leben

In klaren Worten zeigt der bekannte Professor den Lesern, wie man sein Leben gestalten kann, um ein auf allen Ebenen erfolgreicher Mensch zu werden. Doch zuerst muss man die Grundsteine für seinen Erfolg selber legen. Wie man dabei vorzugehen hat, zeigt dieses Buch in überzeugender und Erfolg versprechender Art und Weise.

Franziska Krattinger

Das Leben geht weiter ... und DU?

Wissen Sie, was Schaltworte sind? Sind Sie in der Lage, durch Reden Macht zu bekommen? Beherrschen Sie die Körpersprache? Lernen Sie mit Hilfe dieses kleinen Ratgebers, Ihre realen wie auch Ihre nonverbalen Äußerungen sowie die Ihres Umfelds zu entschlüsseln – und werden Sie zu einem bewussten Menschen, der nicht auf alles „antwortet", also reagiert, sondern der nur agiert, wenn es seinem persönlichen Willen entspricht.

192 Seiten, broschiert
€ [D] 11,90 / sFr 21,30
ISBN 3-89845-136-4

Franziska Krattinger

Erfolgsrezepte

Greife nach den Sternen, wenn du wachsen willst

Menschen leben in ihren Gewohnheiten, und sie wiederholen sich ständig. Um seine Gewohnheiten, die allein aus fixiertem Denken entstehen, zu ändern, muss der Mensch zuerst auf andere Gedanken kommen. Denn andere Gedanken bringen neue Vorstellungen und neue Vorstellungen bringen neue Lebenssituationen. Die richtige Einstellung macht jeden Menschen zum Gewinner! Franziska Krattinger hilft den Menschen, auf andere Gedanken zu kommen und so ihr Leben mit wahrer Freude, tiefer Liebe und verstärktem Bewusstsein dauerhaft zu verändern und sich so den Weg durch den Alltag zu erleichtern.

160 Seiten, broschiert
€ [D] 9,90 / sFr 18,10
ISBN 3-89845-054-6

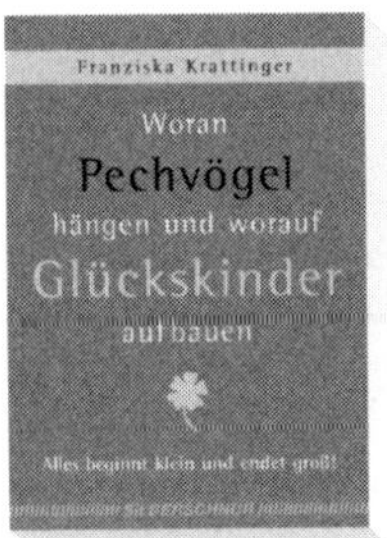

Franziska Krattinger

Woran Pechvögel hängen und worauf Glückskinder aufbauen

Alles beginnt klein und endet groß!

Franziska Krattinger macht mit vielen Tipps auf das Glück aufmerksam! Viele Stolpersteine, genannt Gewohnheiten, verhindern das dauernde Glück. Glück ist eine bewusste Sache. Glückssache ist, wenn Menschen ihr Glück erkennen.
Dieses kleine Buch soll zum Glück vieler Menschen beitragen und mehr Glück in dieser Welt möglich machen.
Gedanken für ein glückliches Leben.

176 Seiten, broschiert
€ [D] 9,90 / sFr 18,10
ISBN 3-89845-048-1

Elisabeth Kübler-Ross

Über den Tod und das Leben danach

Ein Hörbuch mit 2 CDs, je ca. 75 Min.
€ (D) 24,90 / sFr 45,90
ISBN 3-89845-122-4

Dies ist das erste Hörbuch eines Werkes der bekannten Sterbeforscherin Elisabeth Kübler-Ross. Gleichzeitig ist es eine Einladung, sich auf die tröstenden und einfühlsam gesprochenen Worte einzulassen, die sowohl Einblick in die wissenschaftliche Forschungsarbeit und deren Ergebnisse gibt als auch viele Denkanstöße bereit hält.
Überzeugend und einfühlsam beweist die Autorin, dass es ein Leben nach dem Tod gibt.

Verlag »Die Silberschnur« · Steinstraße 1 · 56593 Güllesheim

SILBERSCHNUR

Verlag

»Die Silberschnur«

Postfach 41

D-56590 Horhausen

Elisabeth Kübler-Ross

Über den Tod und das Leben danach

Ein Hörbuch mit 2 CDs, je ca. 75 Min.
€ (D) 24,90 / sFr 45,90
ISBN 3-89845-122-4

Dies ist das erste Hörbuch eines Werkes der bekannten Sterbeforscherin Elisabeth Kübler-Ross. Gleichzeitig ist es eine Einladung, sich auf die tröstenden und einfühlsam gesprochenen Worte einzulassen, die sowohl Einblick in die wissenschaftliche Forschungsarbeit und deren Ergebnisse gibt als auch viele Denkanstöße bereit hält.
Überzeugend und einfühlsam beweist die Autorin, dass es ein Leben nach dem Tod gibt.

Verlag »Die Silberschnur« · Steinstraße 1 · 56593 Güllesheim

SILBERSCHNUR

Verlag

»Die Silberschnur«

Postfach 41

D-56590 Horhausen

Ja, ich möchte gerne weitere Informationen erhalten.

Bitte senden Sie mir ❍ per E-Mail *oder* ❍ per Post

❍ Ihr Verlagsprogramm

❍ Informationen zu ähnlichen Themen

❍ Informationen zu Büchern über

- ❍ Engelwelten
- ❍ Karma & Wiedergeburt
- ❍ Ganzheitliches Heilen
- ❍ Seelenleben der Tiere
- ❍ Jenseitswelten
- ❍ Lebenshilfe
- ❍ Astrologie & Numerologie
- ❍ Orakel, Tarot und Karten
- ❍ Paranormale Fähigkeiten
- ❍ Natürliche Gesundheit
- ❍ UFOs & Kornkreise

Name, Vorname E-Mail

Straße, Hausnummer

Land, PLZ, Ort

Diese Karte entnahm ich dem Buch: ____________________

Ich fand das Buch inhaltlich ❍ sehr gut ❍ mittel ❍ nicht gut

und die Gestaltung ❍ sehr gut ❍ mittel ❍ nicht gut

Ja, ich möchte gerne weitere Informationen erhalten.

Bitte senden Sie mir ❍ per E-Mail *oder* ❍ per Post

❍ Ihr Verlagsprogramm

❍ Informationen zu ähnlichen Themen

❍ Informationen zu Büchern über

- ❍ Engelwelten
- ❍ Karma & Wiedergeburt
- ❍ Ganzheitliches Heilen
- ❍ Seelenleben der Tiere
- ❍ Jenseitswelten
- ❍ Lebenshilfe
- ❍ Astrologie & Numerologie
- ❍ Orakel, Tarot und Karten
- ❍ Paranormale Fähigkeiten
- ❍ Natürliche Gesundheit
- ❍ UFOs & Kornkreise

Name, Vorname E-Mail

Straße, Hausnummer

Land, PLZ, Ort

Diese Karte entnahm ich dem Buch: ____________________

Ich fand das Buch inhaltlich ❍ sehr gut ❍ mittel ❍ nicht gut

und die Gestaltung ❍ sehr gut ❍ mittel ❍ nicht gut